Samuel Saenger

Syntaktische Untersuchungen zu Rabelais

Samuel Saenger

Syntaktische Untersuchungen zu Rabelais

ISBN/EAN: 9783744677080

Hergestellt in Europa, USA, Kanada, Australien, Japan

Cover: © designed by hansebooks

Hansebooks GmbH, Trakehner Weg 52, D-22844 Norderstedt

Weitere Bücher finden Sie auf **www.hansebooks.com**

SYNTAKTISCHE UNTERSUCHUNGEN

ZU

RABELAIS.

.•.

INAUGURAL-DISSERTATION

ZUR

ERLANGUNG DER DOCTORWÜRDE

VON DER

PHILOSOPHISCHEN FACULTÄT

DER

VEREINIGTEN FRIEDRICHS-UNIVERSITÄT HALLE-WITTENBERG

GENEHMIGT

UND

NEBST DEN ANGEFÜGTEN THESEN

AM 7. JULI 1888, MITTAGS 12 UHR

ÖFFENTLICH ZU VERTHEIDIGEN

VON

SAMUEL SAENGER

AUS BERLIN.

OPPONENTEN:

HERR STUD. PHIL. KARL GEBHARDT AUS HALLE A. S.
HERR STUD. JUR. RICHARD MÜLLER AUS BERLIN.

HALLE A. S.

Seinem hochgeehrten Lehrer

HERRN DIRECTOR DR. OTTO SIMON

zu Berlin

widmet diese Schrift

der dankbar ergebene

Verfasser.

Es wäre merkwürdig, wenn die Sprache Rabelais', der zeitlich und an Bedeutung zu den ersten Schriftstellern seines Jahrhunderts gehört, keine besondere Betrachtung erfahren hätte. Aber von den beiden Monographien, die seiner Sprache gewidmet sind, erschöpft nur diejenige von Radisch „Das Pronomen bei Rabelais, Leipzig 1878" einigermassen — nach dem Urteil von Ulbrich in der Zeitschrift für Nfr. Spr. und Litt. (I, 240) — ihren Gegenstand, während die in Breslauer Schulprogrammen zu Anfang der sechziger Jahre niedergelegten syntaktischen Untersuchungen Schönermark's wegen ihrer Seltenheit selbst auf den grössten Landesbibliotheken kaum in Frage kommen, sodann aber den jetzigen Anforderungen der Wissenschaft um so weniger genügen können, als selbst die 1873 erschienene Schrift Glauning's über Marot der ausführlichsten Nachträge durch Gräfenberg bedurfte. Darum erschien die erneute Betrachtung von Rabelais' Sprache keine unnütze Aufgabe. Wir haben ihre Lösung besonders nach dem Vorbild von Haase's Schrift über die Syntax des Robert Garnier und im Anschluss sowohl an diese wie an die anderen, die Sprache des sechszehnten Jahrhunderts behandelnden Schriften versucht und sie ausserdem auf die Betrachtung des Verbums und der Präpositionen beschränkt, zwei Redeteile, die im Verein mit dem bereits behandelten Pronomen ein hinreichend getreues Bild von der Sprache des Autors entwerfen.

Der Abhandlung zu Grunde gelegt sind die: Oeuvres de Rabelais u. s. w., Deuxième Édition, Paris 1873—74, welche zu der Nouvelle Collection Jannet gehören und von dem auf dem Titelblatt nicht genannten Pierre Jannet besorgt sind.

Abbreviaturen.

1. Beckm. = Beckmann: Étude sur la langue et la versification de Malherbe. Elberfeld 1872.

2. Bastin = Bastin: Le participe français et son histoire, Péters-bourg 1880.

3. Benoïst = Benoist: De la syntaxe française entre Palsgrave et Vaugelas. Paris 1877.

4. Bisch. = Bischoff: Der Konjunktiv bei Chrestien. Halle a. S. 1882.

5. Chass. = Chassang: Nouvelle Grammaire Français. IVᵉ Édit. Paris 1886.

6. Darin = Darin: Observations sur la syntaxe du verbe dans l'ancien français. Lund 1868.

7. Darm. = Darmesteter et Hatzfeld: Le seizième siecle en France. IIIᵉ Édit. Paris 1887.

8. Gr. = Grammatik der Rom Spr. von Diez, Bonn 1870—72. 3. Auflage.

9. Gl. = Glauning: Syntaktische Studien zu Marot. Nördlingen 1873.

10. Gr. = Gräfenberg: Beiträge zur franz. Synt. des XVI. Jahr-hunderts. Erlangen 1885.

11. HSynt. Unt. = Haase: Syntaktische Untersuchungen über Villeh. und Join. Oppeln 1884.

12. HGarn. = Haase: Zur Syntax Robert Garniers. Heilbronn 1885.

13. HKonj. = Haase: Der Konjunktiv bei Joinville. Küstrin 1882.

14. List. = List: Synt. Studien über Voiture. Altenburg 1880.

15. Lück. = Lücking: Frz. Schulgrammatik. Berlin 1880.

16. Mätzner Gr. = Mätzner: Französische Grammatik. 3. Auflage. Berlin 1884/5.

17. Mätzner Synt. = Mätzner: Syntax der neufranzösischen Sprache. Berlin 1843/45.

18. Orelli = Orelli: Altfrz. Grammatik. Zürich 1848.

19. Tobl. Verm. Beitr. = Tobler: Vermischte Beiträge zur franzö-sischen Grammatik. Leipzig 1886.

Lexica.

Godefr. = Godefroy, Lexique comparé de la langue de Corneille, Paris 1862; Godefr., dict. de l'anc. fr. = Godefroy: Dictionnaire de l'ancien français; Ac. fr. = Académie française 1878; La Curne = La Curne de Sainte Palay.

Zeitschriften.

Nfr. Z. = Zeitschrift für neufr. Sprache und Litteratur; Jahrb. = Jahrbuch für romanische und englische Litteratur; Fr. Stud. = Franzö-sische Studien; H. Arch. = Archiv für das Studium der neueren Sprachen; R. Stud. = Romanische Studien; Z. R. Phil. = Zeitschrift für romanische Philologie.

Nachschrift: Nach der Approbation dieser Abhandlung
seitens der philos. Fakultät der Universität Halle sind „Syntaktische Untersuchungen zu Rabelais" von Carl Toepel,
Oppeln und Leipzig (im Verlag von Eugen Franck), erschienen.
Sie umfassen die Präpositionen, die Kasuslehre und das Verbum,
soweit es für letztere in Betracht kommt. Doch obwohl die
behandelte Materie in beiden Abhandlungen teilweise dieselbe
ist, wird eine genauere Durchsicht bald erweisen, dass sie
einander aufs glücklichste ergänzen. Wo Toepel's Schrift
die vorliegende ergänzt, oder umgekehrt letztere die erstere
berichtigt, sind meist Hinweisungen an Ort und Stelle gemacht
worden: meist, nicht immer, da nunmehr, wer von Rabelais'
Sprache zu irgend welchen Zwecken Kenntnis nehmen muss,
der beiden Arbeiten nicht wird entraten können.

Das Verbum.

I. Die Arten des Verbums.

1. Von unpersönlichen oder unpersönlich gebrauchten Verben,
die der modernen Sprache abhanden gekommen, sind bei R.
erhalten: [il] *chault* III, 134: Si en allant je suis de vous
choyé, Peu au retour me chault d'estre noyé; III, 155; [il] me
deult III, 139: Ce n'est là où me deult; III, 41; [il] me *grève*
I, 155: tant luy grevoit de ce que le moyne ne comparoit
aulcunement qu'il ne vouloit ny boyre ny manger; [il] *advient*
I, 87: S'il advenoit que l'air feust pluvieux et intemperé, tout le
temps ... estoit employé comme de coustume; I, 36, 132, II, 8,
9 etc.; [il] *en print* (cf. Littré v. 64°) II, 146: il leur en print
comme à leur roy.

Convenir und *souvenir*, die, in der alten Sprache nur unpersönlich (Gr. III, 195 ff.; HSynt. Unt. p. 68), im 16. Jahrhundert als persönliche Verba aufzutreten begannen (HGarn.
p. 31; Gräf. p. 72), als solche jedoch erst bei Racine ein-

gebürgert waren, verwendet R. noch durchweg unpersönlich, faillir dagegen, wie die übrigen Schriftsteller seiner Zeit, gleich sehr persönlich und unpersönlich (cf. HGarn. p. 31).

2.) Die folgenden Verben sind überhaupt nicht mehr oder nicht mehr in gleichem Umfange als *Transitiva* vorhanden:

1. *absenter* (Littré v.; HGarn. p. 31) III, 44: l'on envoye ces nouveaux mariez veoir leur oncle, pour les absenter de leur femmes.

2. *adonner* (cf. Godefr., Dict. de l'anc. fr.) III, 126: Voyez cy le vray Ollus de Martial, lequel tout son estude adonnoit à observer et entendre les maulx . . . d'aultruy; V, 179: leur estude addonneront et labeur à bien rechercher etc.

3. *adviser* kommt in der Bedeutung „bemerken" noch im 17. Jahrhd. vor (Littré v. 1ᶜ). So bei R. II, 131: Ainsi qu'il disoit cela, ilz adviserent six cens soixante chevaliers; V, 63, 66. In der Bedeutung „betrachten" zeigt es sich I, 152: puis advisa la contenence de ses deux archiers de guarde, in derjenigen von „beraten", in welcher es nach Sachs heute nicht mehr vorkommt, I, 121: par luy seroient mieulx adviser de tous affaires. Cf. HGarn. p. 34.

4. *approcher* bei rein körperlicher Bewegung IV, 139: Sus le hault du jour, approchans l'isle Farouche Pautagruel de loing apperceut un grand et monstrueux physetere. Cf. Toepel p. 60.

5. *arer* (heute nur noch als verb. neutr. in der Marinesprache vorhanden) IV, 33: autres foys avoient aré ceste routte.

6. *arriver* „erreichen", „einholen" (= it. arrivare) VI, 51 (Epîtr. à Bouchet): ung tel jour depuis n'arriva on. Cf. Toepel p. 60.

7. *bancqueter* (als verb. act. heute selten, Sachs) II, 101: je ne plains poinct ce que m'a cousté à les bancqueter.

8. *changer*, obwohl noch im 17. Jahrhd. als Transitivum häufig begegnend (Godefr. II, 419), ist bei R. nur zweimal so gebraucht, II, 98: ilz ne feirent seullement que changer maistre; IV, 36: je l'ay veu couleur changer.

9. *chevaucher* (Gr. III, 112) I, 118: N'est ce pas assez tracassé de avoir chevauché . . . les deux Armenies et les troys Arabies.

10. *conseiller* (Darm. § 195b) I, 159: jamais ne le conseillez ayant esguard à votre profit particulier.

11. *decouler* III, 38: par les ureteres la (urine) decoulent en bas. Cf. Frz. Stud. V p. 33; Toepel p. 61.

12. *deliberer* I, 112: Je le veulx, dist Grandgourier, bien entendre davaut qu'aultre chose deliberer sur ce que seroit de faire. Cf. Toepel p. 61.

13. *doubter* = craindre II, 145: eulx, doubtant la grande venue de gens, ceste nuyct se occupent à mettre en ordre et soy remparer. Cf. Toepel p. 61.

14. *elancer* (als verb. act. nach Littré heute selten) III, 11, 12: le (sc. tonneau) tournoit, vivoit, . . . croulloit, elancoit, chamailloit . . .

15. *entrer* (Gr. III. 113) I, 179: Eulx retornaus consideroient l'estat du ciel . . ., et quelz signes entroit le Soleil; I, 102: le moine s'escarmouchoit . . contre ceulx qui estoient entrez le clous. Cf. entrer en, dedans I, 81, 84, 87, 102, 160 etc.

16. *ensuyvre* (Littré v. II.) II, 19/20: Phaeton, mal apprins en l'art, et ne sçavant ensuyvre la line eccliptique . . .

17. *envahir* mit dem Akkusativ der Person begegnet man wohl heute nicht mehr, wie bei R. II, 145: il [sc. Pantagruel] deliberoit de le [sc. le roy Anarche] envahir; II, 83: on est envahy de ses ennemys.

18. *esbattre* (heute nur noch verb. refl.) VI, 30: pour . . esbattre l'assemblée magnifique.

19. *eschapper* ist nur in der Bedeutung von „éviter" nach der Ac. fr. transitiv, nicht aber, wie bei R., wenn es sich um ein Entrinnen aus einer Gefahr handelt, in der man sich bereits befunden, in welchem Falle man heute „échapper de, à" sagt. II, 77: Mais or me dictes comment vous eschappastes leurs mains. Cf. Gräf. p. 69.

20. *esjouir* (auch als verb. refl. heute nach Littré veraltet) I, 36: La clarté n'esjouit elle toute nature?

21. *evader* IV, 55: pour . . . evader le naufraige; I, 60, IV, 103, 176.

22. *lamenter* IV, 102: lamentoient leurs fortune. (Nach Sachs fast nur noch poetisch.)

23. *mocquer* hat nach Littré heute zwar ein Pass., doch kein Akt., wie V, 174: Penser mocquer un si noble frinqueur. Cf. Gr. III, p. 111; Z. R. Phil. I, p. 197; Fr. Stud. V, 34; Toepel p. 60.

24. *monter* I, 162 3: L'argent de tous montoit ... six vingt quatorze millions deux escuz et demi d'or; III, 45.

25. *partir*, nach Littré bis ins 17. Jahrhd. hinein in ursprünglicher Bedeutung verwendet, begegnet oft, so I, 116: Vostre armée partirez en deux, comme trop mieulx l'entendez; III, 129; IV, 65, 178; V, 158.

26. *prétendre* (cf. Chass. § 282, I, 1°) I, 106: en mes terres pretendoit seulement droict de bien seance; I, 112: quelle cause pretend il de cet excés; I, 159: Toucquedillon fut ... interrogé ..., quelle fin il pretendoit par ce tumultuaire vacarme.

27. *procurer* in dem Sinne von pourvoir à quelq. ch. steht I, 104: toute ma vie n'ay rien tant procuré que paix.

28. *profiter* I, 167: peu profiterent; II, 28: proffita beaucoup (Subjekt ein persönl. Nomen); II, 79: il ne prouffita rien (dto); IV, 154: Rien ne profitoient ses engins et molitions. Cf. Gräf. p. 70; HGarn. p. 32; Godefr. I, 184.

29. *recourir* IV, 38: l'obstinée sollicitude ... de recourir et se courir ses pigeonneaulx.

30. *reprocher* III, 197: est és enfans defendu reprocher leurs propres peres.

31. *ruer* (Chass. § 282, I, 1°; Littré v.; HGarnier p. 32) I, 125: Lors Gymnaste les ruoit à grands monceaulx blessez, navrez, meurtriz; IV, 75: elle rua bas Tappecone; V, 164: on les rue.

32. *sejourner* I, 89: pour le sejourner de ceste vehemente intention des esperitz ...

33. *sembler* und *ressembler* sind im 16. Jahrhd. als Transitiva häufig (Darm. § 195a; Beckm. p. 52; Gräf. p. 71; HGarn. p. 32), so auch bei R., z. B. I, 165: vous semblez les anguillez de Melun; II, 156: à veoir Pantagruel, sembloit un fauscheur; I, 147; II, 311; I, 163: mieulx ressembloient une harmonie d'orgues et concordante d'horologe q'une armée ou

gensdarmerie; [II, 51: resembloit un cueilleur de pommes du pays de Perche; I, 55, 56, 89, V, 19.

34. *servir qu.* de quelq. ch. zeigt sich einmal neben der modernen Fügung, IV, 70: Oudart qui le servoit de sommelier.

35. *sortir* I, 175: domestiques de Picrochole lesquelz le auroient incité, loué ou conseillé de sortir ses limites pour ainsi nous inquieter.

36. *tempester* III, 17: il en ceste façon son tonneau tempestoit, pour n'estre veu seul cessateur et ocieux.

37. *toucher* II, 27: il se avalla le mieulx qu'il peut, en sorte que il touchoit les piedz en terre.

38. *tournoyer* IV, 45: Au cinquieme jour, ja commençans tournoyer le pole peu à peu, nous esloiguans de l'Acquinoctial.

39. *trespasser* (als Verb. act. heute veraltet, Toepel p. 63) I, 109: Quelle furie doncques te esmeut maintenant, ... tout droict trespassé, envahir hostilement ses terres?

40. *user* ist nur einmal der „Konzinnität" halber (Toepel p. 63) mit dem Akk. konstruirt, IV, 196: ilz desistent de toutes aultres estudes et neguoces pour vous lire, vous entendre, vous sçavoir, vous user, practiquer ... Dieser Fall hat, wie schon Toepel angedeutet, eher in stilistischer als in syntaktischer Beziehung Bedeutung. In der That hat das Streben nach Konzinuität des Ausdrucks R. oft zu gleichen Wendungen gedrängt, so I, 174: il vouloit tous jours *sauver* et pardonner à un chascun. Zu „user de" vergl. I. 170.

41. *voultiger* I, 52: lieu où l'on ... voultigeoit les chevaulx.

Anmerkung. Zu den aufgezählten, meist ihres Wandels im Geschlecht wegen bemerkenswerten Verben sind die von Toepel p. 48 ff. unter A, B und E angeführten Verben zu ergänzen, die grossenteils lexikographisches Interesse bieten.

3) Die folgenden Verba sind durch Annahme faktitiven Sinnes Transitiva geworden (Gr. III. 114 ff.)

1. *croistre* (Darm. § 195a, Littré v. 5°; HGarnier p. 33; Gräf. p. 68) I, 173: la tierce [sc. année en payerent] vingt six cens mille, la quarte troys millions, et tant tous jours croissent de leur bon gré que serons contrainctz leurs inhiber

de rien plus nous apporter, wo freilich das Akkusativobj. des Pron. fehlt.

2. *deperir* I, 160: Dieu ..., lequel je supplye ... mes biens deperir davant mes yeulx. Cf. Toepel p. 67 zu perir.

3. *esclourre* II, 66: l'arcanciel fraischement esmoulu à Milan pour esclourre les alouettes; IV, 38: C'estoit un pigeon prins on colombier de Gargantua, esclouant ses petitz; V. 27.

4. *escrousler* (Littré v. H; HGarn. p. 34) III, 91: Là estoit un sycomore antique: elle l'escrousla par troys fois; III, 212: escroulloit son laurier domestique.

5. *passer* (H. Synt. Unt. p. 73) I, 179: De ce leur passa belles lettres; I, 113: Pour le tout conduire et passer fut envoyé Gallet.

4) Intransitiven Verben ein Akkusativobjekt gleichen Stammes zur Belebung des Ausdrucks beizugeben und sie dadurch zu Transitiven zu machen, ist eine gemeinromanische Erscheinung (Gr. III, 116 ff.), kann also bei R. nicht überraschen. Cf. III, 33: il n'y pluyra pluye, n'y luyra lumiere, n'y ventera vent. Die gleiche Erscheinung liegt vor, wenn zu dem transitiven *frapper* ein Substantiv ähnlichen Begriffes, wie coup, tritt; seltsam aber ist der dann bei R. auftretende Akkusativ der Person neben jenem pleonastischen „coup“, II, 155: Pantagruel le frappa du pied un si grand coup contre le ventre, qu'il le getta en arriere. Allerdings stehen dieser Lesart des Textes diejenigen von A, B und C gegenüber, welche „luy“ bieten. Erwähnt sei schliesslich auch der quantitative Akkusativ bei *dormir* III, 70: je ne dors rien qui vaille.

5) Die folgenden Verba sind als Reflexiva heute nicht mehr üblich, wenigstens nicht in gleichem Umfange:

1. soy *avaller* = descendre II, 27: et ainsi qu'il eut mys les piedz dehors il se avalla le mieulx qu'il peut. Cf. Ac. fr., wo s'avaller im Sinne von „pendre“, „descendre trop bas“ belegt ist, sowie „avaller“ im Glossar Bd. VII.

2. soy *comparoir* scheint von den übrigen Schriftstellern des 16. Jahrhd. nicht gebraucht worden zu sein. Cf. Darm. § 195d; Mätz. Gr. p. 226, 24, der nur reflexives apparoir und disparoir

für das 16. Jahrhd. annimmt. Auch R. weist es nur einmal auf, II, 156: Epistemon, qui ne se comparoit poinct.

3. soy *contrister* I, 152: Le moyne ... se contristoit merveilleusement de ce qu'il ne les pouvoit secourir; II, 129; III, 25.

4. soy *desjeuner* IV, 181: Et se souloit desjeuner de escholiers; V, 109: se desjeunoient de bailler. Cf. La Curne V, 174, der den übertragenen Gebrauch von desjeuner aus Montaigne belegt.

5. soy *dipner* IV, 181: De avocatz pervertisseurs de droict et pilleurs de paouvres gens il se dipne ordinairement. Cf. La Curne V, 209, der auch hierfür aus Montaigne Belege beibringt.

6. soy *esclaffer*, welches noch im 17. Jahrhd. zu betreffen ist (Godefr. I, 49; Chass. § 282, III, 1°), zeigt sich I, 42: Puis s'esclaffoient de rire quand elle levoit les aureilles; I, 66 Ponocrates et Eudemon s'eslafferent de rire.

7. soy *essayer* im Sinne von „faire l'exercice" steht VI, 36: Ces deux deruiers ne feurent au combat, ..., soy essayans dedens le Thermes de Diocletian avecques la compaignie.

8. se *faindre* (HGarn. p. 36; Godefr. I, 48) I, 154: frappoit sus ces fuyards ... sans se faindre ny espargner; II, 136: au diable l'un qui ce faignoit.

9. soy *herberger* (HGarnier p. 36) I, 132: pour soy herberger celle nuict... s'estoient mussez au jardin.

10. s'en *partir* (HGarn. p. 35; Gräf. p. 70; Godefr. I, 49) II, 31: Après il s'en partit; II, 30: s'en partit.

11. soy *refuyre* III, 216: Les dangiers se refuyent de moy.

12. s'en *retourner* resp. soy r. ist nach Littré v. 27° heute nur absolut gebraucht. I, 154: se retourna derechief sus la roche; III, 206: Là mouterent à cheval pour s'en retourner vers Gargantua; VI, 34.

13. soy *soubryre* de (Gräf. p. 72) IV, 122: Non pourtant, je m'en soubrys.

14. s'en *aller* und s'en *venir* sind zur Umschreibung eines Verbums im 16. und 17. Jahrhd. allgemein üblich. Cf. Nfr. Z. IV, 156; Littré aller 35°, venir 41°; HGarn. p. 36; Gräf. 67, 73. I, 115: Si Grandgousier nous mettoit siege ... m'en irois

faire arracher les dents toutes; II, 9: je m'en suis venu visiter
mon pais de vache; I, 134, II, 57, 170, III, 68, IV, 22, 140,
173, V, 64, 76.

6) Die folgenden, im Neufranzösischen reflexive oder unter
gleichen Umständen *reflexiv* zu brauchenden Verben, lassen bei
R. oft, altem Brauche gemäss (Gr. III, 193), das persönliche
Fürwort vermissen. Abgesehen ist von den Fällen, wo im
Infinitiv stehende Reflexiva, die sich an faire, laisser, entendre,
voir u. a. als verba finita anschliessen, bis ins 19. Jahrhd. hinein ihr Pronomen verlieren konnten, zum Teil noch verlieren
(Chass. § 329 Hist.); erwähnenswert ist jedoch, dass die Participia Präsentis solcher Verben teils mit, teils ohne Pronomen
auftreten, z. B. I, 102: Ceux cy sont confès et repentans; II,
81: mon rotisseur s'endormant me laissa brusler; cf. o. p. 1
„en allant“.

1. *appaiser* I, 134: Ainsi les pelerins denigez s'en fuyrent
à travers la plante à beau trot, et appaisa la douleur.

3. *enquerir* I, 4: sans plus avant enquerir; I, 111: tu
debvois premier enquerir de la verité.

5. *entendre* en quelq. ch. II, 7: un tas de gros talvas-
siers . . ., qui entendent beaucoup moins en ces petites joyeu-
setés que ne faict Raclet en l'Institute.

2. *donner au diable* I, 139: Je donne au diable, si luy
eschappe lievre; II, 76: Je donne au diesble, tu n'as pas
trouvé ses petitz beuvreanx de Paris; cf. soy d. au diable
II, 78, 79.

4. *ensuyvre* III, 160: Ensuyt le nombre et les noms des
preux et vaillans cuisiniers; IV, 39: Pontagruel leugt les mis-
sives de son pere Gargantua, des quelles la teneur ensuyt; IV,
160; VI, 38.

6. *esvanouir* III, 216: advenent le Soleil esvanouissent
les tenebres; IV, 250: A ces mots Panurge esvanouyt de la
compaignie.

7. *mesprendre* III, 77: pardonnez moy si je mesprends.

8. *noyer* (HSynt. Unt. p. 77) I, 142: serois je en dangier
de noyer? IV, 103: Si sommes nayez, ne nayera il pas comme
nous? I, 132, 147; IV, 54, 95, 96, 98, 101, 102.

19. *remparer* I, 114: Je suys d'opinion que nous hastons de remparer icy et poursuivre nostre fortune; VI, 42: Ceux du dedens adonques commencerent à remparer derriere ceste breche.

11. *ruer* I, 41 ruoyt très bien en cuisine; I. 116: L'une partie ira ruer sur ce Grandgousier et ses gens. Cf. Darm. § 95 d.

9. *refraischir* nur nach envoyer (Godefr. II, 197; HGarnier p. 36) I, 59: le roy Petault ... vous envoya refraischir en nos maisons.

7) Die folgendeu Verben sind nicht mehr oder nicht mehr in gleichem Umfange *Intransitiva:*

1. *briguer* IV, 100: Je croy que tous les millions de diables tiennent icy leur chapitre provincial, où briguent pour election de nouveau recteur.

2. *comprendre* I, 182: Le logis des dames comprenoit depuis la tour Artice jusques à la porte Mesembrine.

3. *defendre* ist heute nur noch in der Rechtssprache intransitiv (Ac. fr.), nicht so bei R. I, 167: Ceulx de la ville defendoient le mieulx que povoient „leisteten das Bestmögliche in der Verteidigung".

4. *favoriser* (Gräf. p. 69) IV, 28: le ciel et l'air semblerent favoriser à la feste.

5. *incommoder* (Gr. III, 107) I, 110: falloit il que ce feut en incommodant à mon Roy?

6. *prier* (Littré v. H.; Gräf. p. 70; HGarn. p. 83) II, 24: Priez à Dieu, qu' à elle soit propice. Sonst ist prier transitiv.

7. *propouser* I, 108: Adoncques l'embassadeur propousa comme s'ensuit. Cf. p. als verb. neutr. bei La Curne = haranguer.

11. *requerre* en, à, welch' beide Präpositionen bei R. synonym sind, begegnet oft neben der modernen Fügung, so I, 107: requist ès guardes q'uilz le feissent parler au roy; I, 177 requist à Gargantua qu'il institua sa religion au contraire de toutes aultres; II, 45, 144; III, 17 und sonst. Cf. HGarn. p. 83.

12. *ruiner* = tomber en ruine I, 110: Si ta maison debvoit

ruiner, falloit il qu'en sa ruine elle tombast sur les atres de celluy qui l'avoit aornée? Cf. La Curne.

13. *secourir* à qu. I, 122: le trouverent en bonne deliberation de leur secourir; sonst ist es transitiv. Cf. Gräf. p. 71.

14. *supplier* (Littré, v. H.; Gräf. p. 72; HGarn. p. 83) II, 20: tout le monde s'estoit mis en devotion . . ., supplians à Dieu omnipotent les vouloir regarder de son oeil de clemence; sonst ist es transitiv.

8) Chassang spricht (l. c. § 280, Rem. IV, H.) davon, dass, wenn *faire* als verbum finitum ein Personalpronomen zum Objekt hat und ein von einem Akkusativobjekt begleiteter Infinitiv sich ihm anschliesst, das Pronomen in den Dativ zu treten habe, und fügt hinzu, dass diese Vorschrift im 17. Jahrhd. noch nicht in Kraft war. Zunächst ist da die Beschränkung auf das Personalpronomen nicht verständlich, da heute, wie ehedem, kein Unterschied zwischen dem Dativ der Beteiligung eines persönlichen Pronomens und dem eines persönlichen Nomens gemacht wird. Cf. die Beispiele bei Mätzner (Gr. p. 389, 4 *d*). Die historische Angabe aber erweckt nach den diese Erscheinung in ihrer historischen Entwicklung berücksichtigenden Ausführungen Toblers in den Verm. Beitr. p. 167 ff. Misstrauen, so dass es nicht unwichtig erscheint, sie für das 16. Jahrhd. an einigen Beispielen nachzuweisen.

I, 41: faisoyt perdre les pied aux mousches; I, 43: luy faisoit changer de poil; I, 78: Ponocrates luy feist oublier tout ce qu'il avoit appris; II, 69: J'en fis consulter la matiere à messieurs les clercs; II, 103: demain leferay sçavoir à tous les gens sçavans de la ville; II, 131: j'eschapperay en leur faisant croire de vous tout ce que me plaira; II, 160: luy faisoit manger le pain bis; Cf. V, 167, 171 und oft. Die Konstruktion mit z wei Akkusativen, im Altfranzösischen vorhanden, doch nicht oft (Tobl., l. c., p. 173), begegnet bei R. nur selten, so II, 25. Beachtenswerter aber ist, dass einmal eines der Verben, welche unter gleichen Umständen die gleiche Behandlung erfährt wie faire, nämlich *ouyr*, den Dativ der Beteiligung aufweist, ohne dass der ihm beigesellte Infinitiv selbst ein Objekt hat, V, 121: je leur ay ouy dire, eine

Erscheinung, für welche von Tobler (l. c. p. 168 f.) nur altfranzösische Beispiele beigebracht sind.

8) Nur einmal noch weist R. die bis in's 17. Jahrhd. hinein auftretende Erscheinung auf, dem verbum finitum „estre"
zum Hülfsverb zu geben, nachdem das Pronomen eines reflexiven Verbums vor jenes getreten (Xfr. Z. IV, 158), IV, 255:
vous estez faict vos chausses destacher. Aber auch darin, freilich in entgegengesetztem Sinne, nähert sich R. der modernen
Schreibweise, dass er reflexiven Verben reciprokes *l'un
l'autre* nicht beizufügen verabsäumt, wofür sich übrigens zahl-
reichere Beispiele hätten beibringen lassen, wenn nicht R.,
gleich Schriftstellern desselben Jahrhunderts (cf. HGarn. p. 38),
Zusammensetzungen des Verbs mit „entre" der modernen Aus-
drucksweise vorgezogen hätte. Die Behauptung Chassangs
(l. c. § 245 bis H.), dass dieser Pleonasmus im 16. Jahrhd.
nicht existierte, ist demgemäss zu berichtigen. Cf. auch Ben.
p. 106.

II, 82: je les laisse aussi se pelaudans l'un l'aultre; II,
169: commencerent se tresmousser et se serrer l'un l'aultre;
V, 94: se prennent les uns les aultres de tous endroicts; V,
21: se pillerent les uns les aultres; V, 112: se pelaudans l'un
l'aultre; VI, 37: soy chamaillerent l'un l'autre.

II. Die Umschreibung des Verbums und seine Stellvertretung durch faire.

1) Es geschehe hier zuerst Erwähnung jener altfranzösischen Umschreibung des Passivs durch „il y a" mit einem
neutralen oder prädikativ auf einen Objektsakkusativ bezogenen
Part. Perf. Pass. (Darin. p. 17), welche, nach den die Sprache
des 16. Jahrhunderts behandelnden Monographieen zu schliessen,
R. von seinen Zeitgenossen allein verwendet zu haben scheint.

I, 128: Je ay employé pour congnoistre si rien y ha icy
escript, une partie de ce que etc.; IV, 111: Dieu sçayt comment il y eut beu et quallé; VI, 40: Et y eut tant de picques
brisées que la place en estoit toute couverte; ibid. et y eut

tant chamaillé ..., que ... repoulserent les forains; VI, 44:
il n'y eut rien perdu n'esgaré.

2) *devoir* zur Umschreibung des Futurs, wie I, 92: Lors
Forgier en toute simplesse approcha, ... pensant que Marquet
luy deust deposcher de ses fouaces, kommt noch heute in
dieser Funktion vor. Cf. Lücking § 333, Chassang, l. c.,
§ 80, 1ᶜ.

3) Die Umschreibung des Verbums durch *esse* mit einem
Substantiv auf or, von der Diez, Gr. III, 200 Anm., spricht,
war dem ganzen 16. Jahrhd. geläufig. Cf. Gräf. p. 63; Gl.
p. 20; List p. 12.

I, 110: Dieu souverain, qui est juste retributeur de noz
entreprinses; I, 114: son cheval, lequel estoit chastouilleur à
la poincte; I, 160: Dieu sera juste estimateur de nostre different; II, 96: Je ne suis grand pardonneur; III, 35, 37, 180.

4) *Faire* mit einem Infinitiv zur Umschreibung eines verbi
finiti, eine altfranzösische Umschreibung, die Schriftstellern des
16. Jahrhunderts, übrigens auch der Gegenwart, nicht fremd
ist (Tobl., l. c. p. 19; HGarn. p. 47, 3; Souvestre, Un philos.
s. le toit, p. 30), zeigt sich: I, 86: il se abandonnoit ès plus
adventureux en cas qu'ilz le feissent mouvoir de sa place; I,
184: se retourna sus la roche, passant temps à veoir fouyr
les ennemis et cullebuter entre les corps mors, excepté que à
tous faisoit laisser leurs picques; II, 30: il vit qu'ilz [sc: les
escholiers] faisoyent brusler leurs gens tout vifz.

5) Die altfranzösisch (Gr. III, 20; Darin p. 14) häufig auftretende Umschreibung des Verbs durch „*estre*" mit dem Gerundium resp. Participium erfährt auch noch im 16. und
17. Jahrhd. eine öftere Verwendung (Darm. § 193; Frz. St.
I, 11), so auch bei R. I, 109: peu de gens sont aujourd'huy
habitans par tout le continent; I, 124: feut pendent du cousté
du montouer; I, 186: La venerie estoit un peu plus loing
tyrant vers le parc; II, 44: Et comme il estoit ainsi là de-
mourant, recent un jour lettres de son pere; ibid. ilz n'avoient
esté obeyssans au commendement de Dieu; III, 20: seroient ...,
naissans de leur sang; III, 44 45: Il est encore cherchant la
sienne; III, 87: vieillesse feminine est tousjours foisonnante en

qualité soubeline; III, 223: elle en feust consentente; III, 225:
quoique herbe soit par chascun an deperissante; III, 178: Je
luy veulx de tout mon povoir estre aydant en aequité; III,
241: tous feurent obeïssans; I, 163; IV, 98; 117; 212 (2); 240;
V, 100.

6) *[S'en] Aller* mit dem Gerundium resp. Participium, eine
altfranzösische Umschreibung des einfachen Verbums, die noch
im 17. Jahrhundert vorkommt (Frz. St. I, 11) und bei den
Schriftstellern des 16. Jahrhunderts eine fast unbeschränkte
Verwendung fand (HGarn. p. 46; Gl. p. 20b; Gräf. p. 62;
Darm. § 193; Gr. III, 201), ist bei R. nur zweimal anzutreffen
und beide Male nicht im Sinne der Umschreibung des einfachen Verbums, sondern so gebraucht, dass die zwei Bestandteile des Prädikats auch zwei Thätigkeiten ausdrücken, eine
Wendung, die im Neufranzösischen zwar veraltet ist, aber
nicht fehlt. (Gr., l. c. Darm. § 193.) Cf. II, 163: Le pauvre
pape alloit pleurant; IV, 24: Ainsi s'en va se prelassant par
le pays.

7) Die Umschreibung des Passivs durch das reflexive
Verbum war im 16. und 17. Jahrhd. auch dann üblich, wenn
das Subjekt ein persönliches Nomen oder das logische Subjekt in Gestalt einer näheren Bestimmung hinzugefügt ist. Cf.
Darm. § 194; Nfr. Z. IV, 157; Chass. § 283 Hist. Rem. II;
HGarn. p. 48; Gräf. p. 66. So auch bei R., z. B. I, 32: Un
livre trepelu qui se vend par les bisouars et porteballes; I, 193:
Lors se verra maint homme de valeur, . . ., Mourir en fleur et
vivre bien petit, I, 151: ilz se guident par sort, non par conseil; IV, 8: par luy se parfaict tout estre et tout bien.

III. Person und Numerus.

1) Bei der Beziehung des Prädikats auf Subjekte ver-
schiedener Person giebt die moderne Sprache (Gr. III, 310)
der ersten Person vor der zweiten, dieser vor der dritten u. s. f.
den Vorzug. Bei R. ist dieser Brauch schon durchaus vorhanden. Cf. II, 57: Vous et moy ferons un nouveau pair

d'amitié; II, 178: vous et moy sommes plus dignes de pardon qu'un tas de sarrabovites, und sonst.

2) Die Beziehung des Relativpronomens auf vorhergehendes *un* nebst partitivem *de* und einem Substantivum, wie sie III, 148: l'un des plus suffisans qui soit hoy en son estat; IV, 47: j'ay une des plus belles, plus advenentes, plus honestes, plus prudes femmes en mariage, qui soit en tout le pays de Xantonge und sonst vorliegt, ist auch heute noch nicht ganz geschwunden. Cf. Tobl. Verm. Beitr., p. 195 f.; Mätzn. Gr. p. 544 *d*; Chass. § 254, Rem. II, Hist.

3) In Bezug auf Kollektiva — als welches R. merkwürdiger Weise chascun behandelt —, welche in der alten Sprache vorzugsweise den Plural des Verbums bedingten (Gr. III, 298), im 16. Jahrhd. jedoch schon fast regelmässig mit dem Singular desselben konstruiert wurden (Darm. § 215), nimmt R. einen ziemlich archaistischen Standpunkt ein; er begeht indess die Inkonsequenz, das dem Kollektivum zunächst stehende Verbum meist in den Singular und erst die weiteren, sich auf jenes beziehenden Aussagen in den Plural zu stellen. Zu dieser letzteren Erscheinung, dem Übergang aus der grammatischen Konstruktion in diejenige *„ad sensum"* cf. die Beispiele bei HSynt. Unt. p. 80; Darm., l. c.

I, 149: chascun ayant pour leur signe une estolle en escharpe, ..., s'ilz rencontroient les diables; II, 20: tout le monde ..., supplians à Dieu omnipotent les vouloir regarder de son oeil de clemence; II, 80: tout le monde, ... me voyans ainsi à demy rousty, eurent pitié de moy; II, 139: un chascun d'entre eulx ... dresserent un grand boys; II, 169: Ainsi que Pantagruel avecques toute sa bande entrerent ès terres des Dipsodes, tout le monde en estoit joyeux, et incontinent se rendirent à luy; IV, 101: Chascun pense de son ame, et se mette en devotion, n'eśperans ayde que par miracle des cieulx; IV, 187: tout le peuple se agenouilloit davant nous, levans les mains joinctes au ciel, et cryans; IV, 249: Le peuple sont tous voleurs et larrons; VI, 39: Pourtant prindrent un chacun la picque mornée en poing.

4) Nur einmal findet sich singularisches Prädikat nach

einem Adverbium der Quantität nebst partitivem de und
pluralischem Nomen, was in alter Zeit öfters, aber auch im
16. Jahrhd. zuweilen vorkommt. Cf. HSynt. Unt. p. 80; HGarn.
p. 39. Cf. IV, 13: Et tant mourra de gens d'Esglise qu'on
ne pourra trouver à qui conferer les Benefices.

5) Wenn mehrere, durch „et" verbundene und dem Verbum nachfolgende Subjekte vorhanden sind, so ist die Beziehung auf eines der Subjekte im 16. Jahrhd. ganz üblich
gewesen (Chass. § 271; HGarn. p. 40) und auch im 17. Jahrhd.
nicht selten, bei R. aber kaum mehr als an den folgenden
Stellen anzutreffen; III, 56: en leur mariage semble reluire
quelque idée et repraesentation; I, 95: En la bataille se tint
le roy et les princes de son royaulme; IV, 25: et feut en
leurs espritz la pitié et commiseration . . . en envie changée;
IV, 33: ne leurs apparut terre ne chose aultre nouvelle (cf.
hierzu Chass. § 271 Rem. VI Hist.); VI, 40: Par tout le dis-
cours du tournoy precedent fut le bruit et applausion des spec-
tateurs grand; VI, 42: Resta seulement la barriere et rempart;
VI, 37; se retira son Excellence et ses bandes en son camp.
Wenn mehrere Subjekte dem Prädikat voraufgehen, ist der
Singular desselben bei R. selten beobachtet worden, obwohl
HGarn., l. c.; Darm. l. c.; Gräf. p. 110 viele Beispiele dieser
Fügung beibringen. Cf. II, 166: Ce conseil et deliberation fut
divulgué.

6) Weit seltener begegnet man im 16. Jahrhd. singu-
larischem Prädikat vor pluralischem Subjekte, wofür Gräf.,
p. 110, ein Beispiel aus Marot beibringt. Cf. II, 91: en mourut
dix ou douze de peste; III, 24: Quelques fois revenoit 1 2 3 4 5
5 4 3 2 1 seraphz; VI, 40: y fut donné quelques esraflades de
picques et espées; VI, 82: ne restoit plus que cent cinquante
mil escus.

7) Auch der altfranzösisch seltene Fall, dass singula-
rischem Prädikat pluralisches Subjekt vorangeht, dessen
Vorkommen von Haase, Synt. Unt. p. 81, mit Unrecht be-
zweifelt, von Tobler, Verm. Beitr. p. 193, nachgewiesen wird,
zeigt sich einmal bei R., III, 43: leur nom et armes restast
en leurs enfants.

8) Die Behauptung Haases (l. c. p. 81), dass, wo altfranzösisches „il" mit dem Verbum im Plural vorliegt, man es nicht, wie R. St. IV, 260 behauptet worden, mit neutralem, sondern maskulinem „il" zu thun habe, findet neben den von ihm später aus Garnier, p. 40, beigebrachten Belegstellen folgende weitere bei R., II, 171: Et la cause de la peste a esté pour la puante et infecte exhalation ..., dont ilz sont mors plus de vingt et deux cens soixante mille et seize personne despuis huict jours.

IV. Der Gebrauch der Tempora.

1) Das *Praes. hist.* ist bei R., wie in der alt- und mittelfranzösischen Sprachperiode (Darm. p. 28; HSynt. Unt. p. 82; HGarn. p. 40, Gräf. p. 82), ungemein häufig verwendet und wechselt mit dem Perf. hist. und dem Imparfait sogar in demselben Satze.

I, 112: Atant se teut le bon homme Gallet; mais Picrochole à tous ses propos ne respond aultre chose sinon etc.; ibid.: I, 125: Lors Gymnaste ... descend de cheval, desguaigne son espée, et à grands coups chargea sus les plus huppés, et les ruoit à grands monceaulx blessez; II, 77: Quand je vys qu'il ne me tournoit plus en routissant, je le regarde et voy qu'il s'endort. Lors je prens avecques les dents un tisson par le bout où il n'estoit point bruslé, et vous le gette au gyron, ... et un aultre je gette soubs un lict de camp etc.; II, 100: Ce pendent que ces paiges bancquetoient je garde leurs mulles et couppe à quelc'une l'estriviere; II, 111, 112, 153 und sonst.

2) Während das Perf. II noch im ganzen 16. Jahrhd. als historisches Tampus vorkam (Gräf. p. 83; HGarn p. 41; Vogel über P. de Larivey, R. Stud. V, 470 f.), ist bei R. kein solcher Gebrauch beobachtet worden. — Nur zuweilen ist es an Stelle des Plusquamperfektums bemerkt worden, so III, 172: Pantagruel luy respondit ... que le pere Hippothadée et maistre Rondibilis estoient expediez de leurs responses; lors qu'il est entré respondoit le féal Trouillogan. Ibid.: quand Panurge luy a demandé: Me doibz je marier ou non? avait respondu etc.

3) Das Verhältnis zwischen dem Imperf. und dem Perf.
hist. hat sich erst im Laufe des 16. Jahrhd. in der Weise
herausgebildet, wie es heute besteht (Z. R. Phil. V, 338). Was
R. betrifft, so sehen wir ihn die zwischen diesen Zeiten heute
geltenden Unterschiede fast ausnahmslos nach den Konjunktionen
der Zeit beobachten. Fälle, gegen welche die moderne Grammatik Einspruch erheben könnte, wie etwa VI, 38: pendant
qu'on tira hors le cheval mort, sonnerent ... les compagnies
des musiciens, sind sehr selten. Cf. die Tempora nach lors
que, alors que, tant que, après que, ainsi que, tandis que, incontinent que, cependant que u. a. II, 11, 27, 28, 32, 36, 51,
57, 69, 76, 80, 81, 82, 83, 85, 86, 87, 90, 92, 94, 100, 105,
106, 113, 122, 126, 127, 130, 133, 145, 145, 147, 148, 166;
III, 22, 46, 59, 122, 147, 171 etc. Im übrigen aber sind beide
Zeiten noch oft genug unterschiedlos in der Erzählung neben
einander gebraucht, wodurch sich auch das mangelnde Vorkommen des Perf. II als historisches Tempus erklärt. Gräfenberg (l. c. p. 85) kann hier zahlreiche Beispiele aus den von
ihm behandelten Schriftstellern anführen, während Haase für
Garnier (l. c. p. 42, 3) kein einziges beizubringen vermag. Cf.
II, 109: Panurge ... les mist entre les doigtz d'ycelle ..., et,
les chocquant ensemble, faisoyt son tel que etc.; II, 110: Les
theologiens ... penserent que par ce signe il inferoit l'Angloys
estre ladres. Les conseilliers ... pensoient que etc.; II, 113:
A quoy Panurge print sa longue braguette et la secouoit tant
qu'il povoit; II, 112,3: Panurge mist le doigt indice de la
dextre dedans la bouche ...; puis le tiroit, et tirant faisoit un
grand son; II, 138: Lors Epistemon commença tirer au tour, et
les deux chordes se empestrerent entre les chevaulx, et les
ruoyent par terre; III, 14: Aeschylus beuvoit composant, beuvant composoit. Homere jamais n'escrivit à jeun. III, 102: Il
baisla assez longuement, et en baislant faisoit hors la bouche ...,
puis leva les oeilz au Ciel et les tournoyoit en la teste ...,
toussoit ce faisant et profondement souspiroit. Cela faict,
monstroit le default de sa braguette, puis sans chemise print
son pistolandier; II, 26, 155; III, 104, 105, 106, 210 und oft.
     4) Zuweilen begegnet man dem Perf. hist. da, wo durch

das Plusquamperfektum die Handlung als eine eben erst vollendete hätte gekennzeichnet werden sollen; so II, 106: Et quand vint l'heure assignée, il conduysit son maistre Pantagruel au lieu constitué; III, 59: il feut occis dix et sept jours après qu'il eut le maniment de l'empire. Cf. HSynt. Unt. p. 89; HGarn. p. 43.

5) Ferner schränkt das Perf. hist. die Gebrauchssphäre des Perf. II erheblich ein, indem es sich da einzustellen pflegt, wo die neuere Sprache durch letzteres Tempus die Beziehung auf die Gegenwart auszudrücken liebt*).

Es geschieht dies fast ausnahmslos bei negativem oder positivem *oncques [jamais]*"). Cf. HGarn. p. 42.

a) II, 99: J'euz un aultre procès bien hord et bien sale; II, 100: Une autre foys je fourmay complainte à la court, wo beide Male über frühere Prozesse referiert wird, durch deren Ausgang der Klageführende in seinem gegenwärtigen Verhalten nicht beeinflusst wird; II, 52: anges, duquel le moindre peut occire tous les humains . . ., comme jadys apparut en l'armée de Sennacherib; III, 60: Aussi eut-il successeurs en longues genealogies; III, 60: Puys eschappa de leurs mains sain et saulve, in welch' beiden letzteren Fällen die eingetretene Folge des durch Versaufschlagen vorherbestimmten Schicksals ausgedrückt wird, was als ein für die Gegenwart nachzuahmendes Verfahren hingestellt wird.

b) I, 4: Crochetastes vous oncques bouteilles? ibid.: Mais veistes vous onques chien rencontrant quelque os medulaire; I, 5: Croyez vous . . . qu'oncques Homere . . . pensast ès allegories lesquelles de luy ont calfreté Plutarche ..? I, 6: je ne perdiz ne emploiay oncques plus ny aultre temps que celuy qui etc.; I, 9: oncques n'en trouverent le bout; I, 47; un moyen . . ., le plus expedient que jamais feut veu; I, 54: il devint aussi saige qu'oncques puis ne fourneasmes nous; I, 57: 85, 96, 97, 100, 102, 113, 124, 128, 135/6, 136, 143, 147, 149, 158, 168, 191 2. Im ersten Buche ist nur einmal, I, 152: oncques ne me ont demandé ma foy, Perf. II notiert.

6) Dass bezüglich der *consecutio temporum* die grössere Freiheit der alten Sprache (Darin p. 35; Mätzner, Synt. § 118, 1c) im 16. Jahrhd. noch keiner festen Gesetzmässigkeit ge-

wichen ist, zeigt sich auch bei R. Doch sind der Beispiele nicht viele, wo, wie bei den folgenden, die Tempusfolge der logischen Gedankenfolge nicht entspricht.

I, 129: ainsi demouroit [le cheval] empestré, jusques à ce que Gargantua du bout de son baston enfondra le reste des tripes du villain en l'eau, pendent que le cheval levoit le pied; VI, 52: Et toutesfois, quant nous vient à memoire Que tu promis retourner dans sept jours, Nous n'avons eu joye, repos, sejours.

V. Modi.

1. Der Konjunktiv. a) Der Konjunktiv im Hauptsatz α) zum Ausdruck des Wunsches und der Aufforderung ist bei R., wie im ganzen 16. Jahrhd. (HGarn. p. 48a; Gräf. 76; Darin p. 19; Gl. p. 20), ungemein oft anzutreffen, so I, 104: ainsi me soys tu favorable, sy jamais à luy desplaisir ... je feis; I, 107: la paix de Christ soyt avecques toy; I, 118: Dieu soyt loué; I, 120: Dieu vous face bien tousjours prosperer; I, 121: qui me ayme si me suyve; I, 145,6: Dieu et saint Benoist soyent avecques nous; II, 49: rien ne te soit incongneu; II, 166: Un chascun de vous qui y voudra venir soit prest comme j'ay dict; III, 152: Dieu me le vueille pardonner (cf. Gräf. p. 82) und oft. Daneben ist auch der moderne Brauch, doch nur spärlich, vertreten.

β) Der Konjunktiv zur Bezeichnung der Einräumung ohne que, der im Altfranzösischen häufig Verwendung fand (HKonj. p. 3), ist von R. sehr oft gebraucht, so I, 110: et deust ores son heur et repos prendre fin, falloit il que ce feust en incommodant à mon Roy? II, 83: Voire mais, dist Panurge, si faict il bon avoir quelque visaige de pierre, quand on est envahy de ses ennemys, et ne feust ce que pour demander etc.; II, 107: ne ausoient seulement tousser, voire eussent ilz mangé quinze livres de plume; II, 131: je leur passeray sur le ventre et leur rompray bras et jambes, et feussent ilz ainsi fors que le diable; II, 69: le bruyt estoit que le boeuf salé faisoit trouver le vin sans chandelle et feust il caiché au fond d'un sai de charbonnier; II, 70: car il n'y a nulle apparence de

dire que à Paris sur Petit Pont geline de feurre, et fussent ilz
ainsi huppez que duppes de marais etc.; II, 146; III, 13, 99,
139, 167, 35, 103, 213; IV, 62, 195, 208, 218; V, 57, 83, 172.
Zuweilen wird dem Konjunktiv das Adverb „tant" beigegeben
(cf. HGarn. p. 49), so II, 131: ny crains ny traict, ny flesche,
ny cheval tant soit legier; IV, 142: feut le fer d'icelles tant
grand et poisant, qu'il en persoit branc d'assier, . . ., tant ferme,
resistant, dur et valide feust que sçauriez dire; V, 150: certains
petits boucliers legers sonnans et bruyans quand on y touchoit,
tant soit peu (auch neufrz.); III, 11, 74, 74, 196, 235 2;
IV, 235, 2.

γ) Der Konjunktiv der Annahme ohne que, einem Kon-
ditionalsatz mit si koordiniert, war früher allgemein üblich (cf.
Vogel in R. Siud. V, 490), so auch bei R. II, 33: Et si, . . ., y
a rarité ou penurie de pecune en nos marsupies, et soyent
exhaustes de metal ferruginé etc.; III, 55, 238.

b) Der Konjunktiv im Nebensatz.

α) Der Konjunktiv des Wunsches im Relativsatze, im
Altfranzösischen sehr üblich (Bisch. p. 5), zeigt sich auch öfters
bei R., so I, 158: au nom de Dieu le creatur, lequel vous soit
en guide perpetuelle; I, 171: Il feut en juste bataille navale
prins et vaincu de mon pere, auquel Dieu soit garde et pro-
tecteur; II, 75: on apporta force vinaigre . . . pour leur faire
revenir le sens et entendement accoustumé, dont Dieu soit loué
partout; IV, 11: notre . . . roy Henry, lequel Dieu nous vueille
longuement conserver; IV, 168: feist plusieurs bons enfans, dont
loué soit Dieu; V, 179: Or allez de par Dieu qui vous conduie.

β) Der Konjunktiv attributiver Relativsätze entspricht
bereits neuem Brauch, so II, 66, 119; III, 99, 165, 236;
IV, 150, 195, 218; V, 38, 136, 138, 158; VI, 6, 8, 67 und
sonst. Verallgemeinernde Relativ- und solche Sätze, die
durch Indefinita eingeleitet werden, haben stets den Konjunktiv,
bis auf den noch im 17. Jahrhd. vorkommēnden Indikativ im
dritten Buche p. 220: n'est ruffien . . ., qui violentement ne
ravisse quelque fille il voudra choisir. Cf. Frz. St. I, 15.
Anderseits ist der Konjunktiv nach quiconcques im 16. Jahrhd.
nicht vereinzelt. R. hat ihn zweimal, I, 32: Quiconcques il

soit, en ce a esté prudent, und V, 146: considerez l'incredible
compacture du pavé, auquel par raison ne peut estre ouvrage
comparé quiconque soit ou ait esté dessous le firmament. Cf.
Littré v. Hist. XVI; HGarn. p. 50; Gräf. p. 78.

γ) Der Konjunktiv der Annahme im Relativsatz ist
verzeichnet III, 32: prenez ... le soixante et dixhuyetieme
[sc. du monde] de Petron, on quel ne soit debteur ne crediteur
aulcun; III, 35: representez vous un monde aultre, on quel
un chascun preste, un chascun doibve: tous soient debteurs,
tous soient presteurs.

δ) Dass der Konjunktiv des regierenden Satzes den
Modus des Verbums im Relativsatz beeinflusst, war früher
nicht selten und ist auch heute noch zuweilen anzutreffen (cf.
Lücking § 318, 2; Bisch. p. 88 c). So auch bei R. II, 27:
sembloit que ce feust une grande caracque de cinq cens ton-
neaulx qui feust debout; IV, 16: croyons, ..., que hier en soit
mort quelqu'un, au trespas duquel soyt excitée celle horrible
tempeste que avez pati.

ε) Ferner wäre er zur Qualifizierung eines Nomens im
Neufranzösischen nicht mehr möglich, wie er sich z. B. I, 87:
quelque fois alloient visiter les compaignies des gens lettrez,
ou de gens qui eussent veu pays estranges findet, sowie auch
der konsek. zu fassende, oft auftretende Konjunktiv, wie in
III, 55: je n'aurois jamais aultrement filz ne filles legitimes, ès
quelz j'eusse espoir mon nom et armes perpetuer; ès quelz je
puisse laisser mes heritaiges, und der final zu fassende, wie
III, 167: feut requis ... leurs conceder un indult moyennant
lequel se peussent confesser les uns ès aultres. Cf. HGarn.
p. 50, 2.

αα) Für den Konjunktionalsatz ist 1) zu bemerken,
dass der Konjunktiv sich bei R., wie auch sonst im 16. Jahrhd.
(Nfr. Z. IV, 164; Chass. § 291, Hist. II; HGarn. p. 52; Gräf.
p. 76; Gl. p. 21) nach nicht verneinten Verben der Vorstellung
bei weitem öfters zeigt, als dies heute der Fall ist (Mätzner
Gr. p. 364, 118, 3αα). Er steht nach *dire* III, 98: c'est abus,
dire que ayons languaige naturel; IV, 52; *penser* I, 62: pensoit
que feussent quelques masques hors du sens; I, 130: Grand-

gousier, son pere, pensoit que feussent poulx; I, 133, 149;
III, 99, 121; IV, 145; *cuider* I, 8: je cuyde que soye des-
cendu de quelque siche roy; IV, 182: Sa femme ... cuydoit
qu'on l'eust au marché desrobé; *croire* I, 70: Je croy qu'elle
n'y soyt plus maintenant; III, 12: croye que guerre soit en
latin dicte belle; IV, 146; VI, 10; *demonstrer* III, 161: aultres
... travaillent à demonstrer que ne soit en luy discretion sen-
sitive; *estimer* IV, 331: Et estimoys que feust celle de laquelle etc.; V, 69: estimans qu'en icelluy Pays festin on
nommast Crevailles etc.; *estre d'advis* I, 166: Je suis d'advis
que ... faciez donner l'assault; I, 63: tous feurent d'advis que
on les menast au retraict du goubelet; III, 52, 146; VI, 62;
estre en opinion IV, 212: Petron estoit en ceste opinion que
feussent plusieurs mondes; *imaginer* III, 99: elles imaginent
que soit l'entrée du sacre Ithyphalle;

    2) dass der Indikativ sich bis in das 17. Jahrhd. hinein
nach den *verbis sentiendi* zeigt (HKonj. p. 7); so auch bei R.
I, 120: J'ay grand peur que toute ceste entreprinse sera
semblable à la farce du pot au laict; II, 138: J'ay grand peur
que ... ne vous voye en estat que ne aurez grande envie
d'arresser, et qu'on vous chevauchera à grand coup de picque;
VI, 9: J'ay peur que noz bourses en patiront inanition;

    3) dass R. niemals den Indikativ nach den Verben der
Willensäusserung gesetzt hat, wie dies bis in das 17. Jahrhd.
hinein vorkam (Nfr. Z. IV, 161, 3. Anm.); dass ebenso, mit Ausnahme natürlich der bei R. zahlreichen Fälle, in denen der
Konjunktionalsatz durch „ce" gestützt wird, der Konjunktiv
nach den Verben des Affektes stets beobachtet ist. Cf. dagegen Vogel in R. St. p. 497; HGarn. p. 51; Gräf. 74;

    4) dass einmal der Konjunktiv zu finden ist, wo es sich
um den Bericht einer Thatsache handelt, nämlich III, 130:
Je suys asceuré que de nous content ne sera, s'il entend une
foys que soyons icy venuz en la tesniere de ce diable engi-
ponné, wobei sich jedoch der Konjunktiv durch die konditionale
Form des regierenden Satzes erklärt;

    5) dass sich der Indicativ im Gegensatz zu neufranzösischer
Auffassung nach *que-ne* in Beziehung auf einen verneinenden

Korrelativsatz und im Sinne von „sans que", „quin", sowie nach *en, au cas* que (Mätzner, Gr. p. 367) findet, so V, 21: n'eust fin ce schisme et ceste sedition qu'un d'iceux ne fut tollu de vie; I, 108: en cas que par force ny aultre engin ne l'ont peu corriger, se sont eulx mesmes prives de ceste lumiere; II, 61: au cas que leur controverse estoit patente et facile à juger, vous l'avez obscurcie par sottes et desraisonnables raisons; II, 151 2: tu as octroyé ès humains de garder et defendre soy, leurs femmes, ..., en cas que ne seroit son negoce propre;

6. dass sich anderseits öfters der Konjunktiv da zeigt, wo die moderne Sprache den Modus der Gewissheit vorzieht, so II, 29: n'est aujourd'hui passé aulcun en la matricule de la dicte Université de Poictiers, sinon qu'il ait bu en la fontaine Caballine de Croustelles; II, 122: Car rien n'y quiers sinon qu'en vostre tour Me faciez dehait la combrecelle Pour ceste foys; III, 12 12: croye que guerre soit en latin dicte belle, ..., par raison qu'en guerre apparoisse toute espèce de bien et de beau; III, 70: ne peult l'homme recepvoir divinité, ..., sinon lorsque la partie qui en luy plus est divine (...) soit coye; IV, 42, 47 und sonst. Cf. H. Arch. 61, 295;

7. dass der Konjunktiv öfters in konsekutiven Sätzen auftritt, indem meist, wie es heute der Fall sein müsste, der Inhalt des Nebensatzes die Tendenz des Prädikats des Hauptsatzes darstellt. Cf. Mätzner p. 348, 124αα.

II, 164: la puissance de Picrochole n'estoit telle que aisement ne les peut Grandgousier mettre à sec; III, 143: Nature a elle tant destitué les humains, que l'homme marié ne puisse passer ce monde etc.? III, 154: car il n'est mie si bon archier qu'il puisse ferir les grues volans par l'aer; besonders nach *faire* im Sinne von „bewirken", wo es zwar ebenso sehr um eine Tendenz, wie um eine Folge sich handeln kann, der Konjunktiv jedoch heute sehr selten ist. Cf. III, 205: Dieu qui a faict ... qu'à ces jugemens de sort toutes les precedentes sentences ayent esté trouvées bonnes; IV, 140: faictez que soyons hors les causes de paour; V, 72: faictes seullement que je sois mis en terre und sonst. Cf. zu faire Gräf. p. 77.

ββ) Der Konjunktiv in dem indirekten Fragesatz war

im 16. Jahrhd., nach dem Vorbilde des Lateinischen, nicht
selten. Cf. Gl. p. 20; Gräf. p. 77 b. Er findet sich auch bei
R., so I, 165: je ne voy point comment ce ne soit à nostre
ruyne totale; I, 32: je ne sçay quoy premier en luy je doibve
admirer; III, 152: je ne sçay que je doibve respondre à ce
problème; III, 160: Platon ne sçait en quel ranc il les doibve
colloquer; III, 220: Et ne sçay que plus doibve abhominer;
IV, 18: n'ay encores resolu quelle part je doibve encliner; IV,
59; VI, 91.

γγ) Über die Formel „qu'ainsi soit“, die I, 54, III, 44 und
sonst bei R. vorkommt, hat Glauning (l. c. p. 21) die nötige
Auskunft gegeben.

2. Die Modi im Konditionalsatz.

1) Das Imp. Ind. im bedingenden, das Imp. des Futuri
im bedingten Satze bilden die Regel für die bei R. auftretenden hypothetischen Sätze der Gegenwart. Cf. R. Stud. V, 489;
Frz. St. III, 4, 22; HGarn. p. 44; Gl. p. 22. Die altfranzösische Fügung, der Konj. Imperf. in beiden Gliedern, ist bei
R. nur noch einmal gebraucht, II, 76: si je montasse aussi
bien comme je avalle, je feusse desjà au dessus la sphere de
la lune, bei vielen Schriftstellern des 16. Jahrhunderts aber
gar nicht mehr (Cf. HGarn. p. 44; Gräf. p. 79) zu betreffen.

2) Das Imp. Futuri, welches bis in's 17. Jahrhd. hinein
begegnet, kommt III, 66 vor: le diable me mange, si je ne la
mangeroys toute vive. Cf. Frz. St. III, 4, 24.

3) Der Konj. Imp. in einem Gliede des hypothetischen
Satzgefüges war im ganzen 16. Jahrhd. (R. Stud. V, 490) gewöhnlich; so auch bei R. III, 97: Si vray feust que l'homme
ne parlast qui n'eust ouy parler, je vous menerois à etc.; III,
149: si feust condition à laquelle je peusse obvier, je ne me
desesperois du tout; III, 175: si je peusse jurer quelque petit
coup en cappe, cela me soulageroit d'autant; IV, 141: s'il
jectast vin bon, blanc, . . ., cela seroit tollerable; IV, 146: et
ores feussent bons amis et voisins, si tant l'un comme les
aultres soy feussent despouillez de leurs affections und oft.

4) Das hypothetische Satzgefüge der Vergangenheit

hatte im Altfranzösischen den Konj. Imperf. im Sinne des Plusquamperfektums in beiden Gliedern, im Mittelfranzösischen dagegen das Plusquamp. Conj. (Frz. Stud. III, 4, 12—17). Bei
R. ist die alte Fügung noch einmal gebraucht, V, 33: ilz y
fussent encores, ne fust la bergere qui les advertist; im übrigen
bildet die mittelfr. Konstruktion bei ihm, wie bei HGarn. p. 55,
Larivey, R. Stud. V, 492, die Regel, während sich die neufrz.
„si j'avais en j'aurais donné" noch nie zeigt. In einem Glied,
dem bedingenden ohne si, gebraucht R. öfters den Konjunktiv Imp. im Sinne des Plusquamperfektums, so I, 11:
Ne fust Juno, ..., On lui eust faict un tour si moleste, Que etc.;
IV, 48: eust felonnement occis le marchand, ne feust que le
patron de la nauf ... supplierent Pantagruel; IV, 127: ne
feust l'aide du noble Mardigras, ... Quaresmeprenant les eust
ja pieça exterminées de leur manoir und sonst.

Dieser einseitige Conj. Imp. in Beziehung auf die Vergangenheit ist im Altfrz. häufig, im Neufrz. dagegen selten.
Cf. Mätzner Gr. p. 344, 3αα. — Das Imp. Ind. in beiden Gliedern eines hypothetischen Satzes der Vergangenheit zeigt sich
auch bei R. nicht (HGarn. p. 94), die dazu hinüberleitende
Fügung, das Imp. Ind. im Haupt-, das Plusq. Conj. im
Nebensatz (Frz. St. III, 4, 21; R. Stud. V, 487) nur einmal,
I, 110/111: Si quelque tort eust esté par nous faict ..., tu
debvois premier enquerir de la verité.

Ein anderes, vereinzelt auftretendes Gefüge — II, 147/8:
n'eust esté sa merveilleuse hastivité, il estoit fricassé comme
un cochon — hat wohl lateinische, aber schwerlich viele französische Analoga. Cf. Mätzner p. 347 α 1.

5) Dass unvollständige Bedingunssätze, sowie ein Glied
von vollständigen, in Gestalt von Relativsätzen auftraten (Darin
p. 27; Gräf. p. 80), kann auch aus R. mit zahlreichen Beispielen belegt werden.

I, 152: archiers de guarde, lesquelz eussent volontiers
couru après la troupe etc.; II, 124: un ruysteau ..., auquel les
cannes eussent bien nayé; III, 207: Qui eust decidé le cas au
sort des dez, il n'eust erré; IV, 32: personne de l'assemblée
... n'eut perturbation d'estomach et de teste, auquelz incon-

venients ne eussent tout commodement obvié beuvans ... de
l'eaue marine; IV, 158: [Potiphar] lequel Joseph eust fait
coqu, s'il eust voulu; IV, 181: il mangeroit voluntiers l'ame
d'un caphard qui eust oublié soy en son sermon recommander;
III, 14: la traicte (laquelle par deux praecedens volumes (si
par l'imposture des imprimeurs n'eussent esté pervertiz et
brouillez), vous feust assez congneue) etc.

6) Schliesslich sei bemerkt, dass im 16. Jahrhd. das Imp.
Fut. in dem durch „*quand*" eingeleiteten bedingenden Satze,
wie V, 29: quand le Ciel seroit d'airin et la terre de fer, encores vivres ne nous fauldroient, öfters begegnet (cf. Gl. p. 22a;
Gräf. p. 80), sowie dass das Imp. Conj. in Vergleichungs-
sätzen mit comme si im 16. Jahrhd. ganz gewöhnlich war
(cf. Frz. III, 4, 25; Gl. p. 22) und bei R. oft zu finden ist, so
I, 154: tous effrayez ..., comme s'ilz veistent la propre espece
et forme de mort; II, 46: ainsi y ay-je secouru comme si je
n'eusse aultre thesor en ce monde; II, 154; III, 71, 161, 235,
237; IV, 30, 69 und sonst.

VI. Der Infinitiv.

I. 1) Dem substantivierten Infinitiv begegnet man bei
R. merkwürdigerweise nicht so häufig, als man bei seiner Aus-
dehnung im Altfrz. und noch im 16. Jahrhd. annehmen sollte.
(R. Stud. V, 510; Nfr. Z. IV, 108; HGarn. p. 53; Gräf. p. 89.)

I, 55: commança le louer et magnifier, premierement de
sa vertus et bonnes moeurs, secondement de son sçavoir etc.;
l, 72: Au partir de l'esglise; I, 89: le sejourner de ceste vehemente intention des esperitz; I, 175: avant le departir; III, 9:
[celluy,] le dire duquel est est en un moment par effect re-
presenté; IV, 252: Frere Jan à l'approcher se sentoit etc.

2) Doch zeigt sich in einer Reihe von Fällen die sub-
stantivische Natur des Infinivs in altfranzösischer Weise
(HSynt. Unt. p. 102; Lach. p. 25; Chass. § 317 Hist.), Fälle,
in denen die moderne Sprache grossenteils konjunktionale Aus-
drucksweise vorzieht.

I, 17: parlons de boire; I, 72: A boyre n'avait poinct fin

ny canon; I, 59: Mais tout leur desjeuner feut par baisler;
ibid: les gentilz hommes de Beauce desjeunent de baisler: I,
83: Au reguard de fanfarrer et faire le petitz popismes sus
un cheval; IV, 63: vous parlez de baiser damoizelles; IV, 240:
excita tous ses compaignons à pareillement baisler.

3) Der Infinitiv Aktivi in passivischem Sinne, im
16. Jahrhd. öfters und gern so gebraucht (Darm. § 197; HSynt.
Unters. p. 102; HGarn. p. 53), ist nur zweimal bei R. beobachtet worden, I, 171: feut decreté . . ., que l'on offreroit entierement leurs terres, dommaines et royaulme à en faire selon
nostre arbitre; I, 171: Restoit seulement le moyne à pourvoir.

4) Der präpositionale Infinitiv nach *par* und *en*, der
noch im 16. Jahrhd. oft genug auftrat (Gr. III, p. 245; Darm.
§ 208; Ben. p. 66; Chass. § 317), hat bei R. nur nach *par*
eine grössere, nach *en* eine nur zweimalige Verwendung gefunden.

a) I, 16: Le fondement luy escappoit . . . par trop avoir
mangé de gaudebillaux; I, 23: par trop avoir mangé des tripes;
I, 159: par bien la gouverner l'eust augmentée, par me piller
sera destruict; I, 172: ilz ne feurent receupz par trop estre
excessifz; IV, 25, 105; V, 2 und oft.

b) III, 173: mettre en non chaloir ses estudes; V, 177: Ça
bas en ces regions circoncentrales nous establissons le bien
souverain, non en prendre et recevoir, ains en eslargir et
donner.

5) Der altfranzösische Brauch, dem präpositionalen Infinitiv ein eigenes Subjekt zu geben (R. Stud. V, 533; Tobl.,
l. c., p. 74b), ist notiert:

III, 48: [nature] les [oeilz] fixa en la teste . . ., pour de
loing estre veue la lanterne; III, 81: Nature a faict le jour
pour soy exercer, pour travailler et pour vacquer chascun en
sa néguociation; III, 108: Les troys et quatre heures avant
son decés il employa en parolles viguoureuses . . ., combien
que pour lors nous semblassent ces propheties aulcunement
abhorrentes et estranges, par ne nous apparoistre cause ne
signe aulcun present prognostic de ce qu'il praedisoit; III, 197:
Manquoit . . . quelqu'un, qui premier parlast d'apoinctement,

pour soy saulver l'une et l'aultre partie de ceste pernicieuse honte que etc.; IV, 41: nos sens et facultez animales patissent ... enormes et impotentes perturbations (voyre jusques à en estre souvent l'ame desemparée du corps).

6) Dass sich für die bis in's 17. Jahrhd. hinein herrschende freiere Verwendung des präpositionalen Infinitivs (Chass. § 317, Remarque III, IV; HGarn. p. 54) auch aus R. manche, doch keineswegs zahlreiche Beispiele beibringen lassen, ist selbstverständlich. Cf. III, 10: vous veulx presentement une histoire narrer, pour entrer en vin (beuvez doncques) et propous (escoutez doncques) „damit ihr ...“; IV, 61: n'ay receu de vos lettres qui fissent mention d'avoir receu les dictes signatures „davon, dass ihr ...“ und sonst.

II. Der präpositionslose Infinitiv.

1) Er erscheint als Subjekt unpersönlicher*) oder unpersönlich gebrauchter[b]) Verben, so bei a) [il] *appartient* I, 91: T'appartient il toy trouver par chemin? I, 91: à eulx n'apartenoit manger de ces belles fouaces; II, 116; cf. de II, 65; [il] *convient* I, 118: Il vous convient ... avoir l'Asie Minor; II, 35: il nous convient parler selon le langaige naturel; III, 23, 29 etc.; [il] *plaist* II, 48: l'heure qu'il plaira à Dieu mon Createur me appeler et commander yssir de ceste terre; II, 57; III, 149; IV, 87; V, 32; VI, 33, 69, 76; cf. de II, 71, 103, was noch im 17. Jahrhd. gebräuchlich (Nfr. Z. IV, 166), à IV, 49, was im Altfrz. häufig, im Mittelfrz. nicht selten war (HSynt. Unt. p. 104); [il] *souvient* III, 150: Me souvient toutesfoys avoir leu etc.; [il] *reste* III, 53: reste seullement la mettre à execution; III, 99; IV, 62; cf. à III, 149; VI, 62; bei [il] *chault* ist nur de mit dem Inf. beobachtet worden, so III, 134 (cf. Frz. St. I, 389); [il] *sert* IV, 103: De quoy vous servira icy faire testament; [il] me fasche IV, 99: Il me fasche le vous dire; b) III, 136: Ainsi le soit donné des cieulx tousjours bas et roydde operer; III, 237: me suffist vous avoir dict verité; IV, 74: estoit ... defendu rien bailler ou prester; IV, 82: Il ne leurs a suffis m'avoir ainsi lourdement etc.; V, 11: à chacun n'est octroyé hanter et habiter Corinthe; und oft.

2) Er tritt bei unpersönlichem „*il est*" nebst prädikativem Adjektiv oder Substantiv auf; bei R. bildet er sogar die Regel. Cf. dagegen HGarn. p. 55; R. Stud. V, 513.

I, 16: possible n'estoit longuement les reserver; I, 50: Il n'est poinct besoing torcher le cul; I, 43; I, 163; I, 78: possible estoit remettre Gargantua en meilleure voye; I, 82: mais louable gloire est d'une lance avoir rompu dix de ses ennemys; I, 105: force me est te rappeler au subside; III, 15: licite vous sera les appeler diogenicques; III, 25: impossible seroit le faire jamais riche; III, 60: trop prolix seroit narrer les adventures; IV, 63: A aultres dieux Olympicques n'est licite fouldroier; IV, 167: imperfections secretes, lesquelles honte insupportable leurs est deceler aux homes confesseurs; III, 568: chose trop difficile leurs seroit receller les confessions; IV, 30, 54 (2); V, 93, 94 und sonst.

3) Er erscheint ferner überwiegend nach vorangestelltem „*c'est*" mit prädikativer Bestimmung. Cf. R. Stud. V, 512; HGarn. p. 54.

I, 17: c'estoit passetemps celeste les veoir ainsi soy rigouller; I, 77: c'estoit sus un beau banc ou en beau plein lict s'estendre et dormir; ibid.; c'estoit mauvaise diete, ainsi boyre après dormir; I, 91: c'estoit viande celeste manger à desjeuner raisins avec fouace fraiche; I, 114: ce n'est son art aller en guerre; I, 138: c'est chose monstrueuse veoir un moyne sçavant; I, 164: ce n'estoit ny preu ny raison molester ainsi ses voisins; cf. den spärlich auftretenden Infinitiv mit de I, 106, 108, 179; VI, 6 und sonst.

4) Er steht nach komparativem und konjunktionalem „*que*", nach welch letzterem der Infinitiv heute überhaupt selten ist (Darm. § 209). Er ist in diesem Falle bald Subjekt, bald Objekt.

I, 11: Et mieulx ayma le feu du ciel empire Au tronc ravir où l'on vend les soretz Que aer terain . . . Assubjectir es dictz des Massoretz; I, 54: mieulx luy vauldroit rien n'aprendre, que telz livre soubz telz precepteurs aprendre; I, 109: . . . ont estimé aussi facile demollir le firmament, . . ., que desemparer

3*

vostre alliance; I, 138: Pour quoy ne mouroient-ilz là plus tost
que laisser leur prince en ceste necessité; I, 159: Mieulx eust
il faict soy contenir en la maison . . ., que insulter en la
mienne; I, 194: Le clair soleil, ains que estre en Occident,
lairra espandre obsurcité; II, 60, 69, 129, 138; III, 41, 44, 54.
218, 209 und oft. Cf. den Infinitiv mit de I, 147, 150; II, 8.
46, 167, 175; V, 11 und oft. Das Verhältnis der beiden Fälle
ist ein gleiches. Cf. HGarn. p. 57; Godefr. I, 79; Beckm. p. 45.

5) Der reine Infinitiv als Objekt tritt bei R., wie auch
im ganzen 16. Jahrhd. ungemein oft auf, und zwar a) nach
folgenden Verben: *prier* II, 60: le prierent vouloir le procès
canabasser;· III, 30, 136, 137, 187, 205; *supplier*: III, 205:
suppliray le bon Dieu . . . vous perpetuellement maintenir:
III, 216; *requerre* I, 91: Lesdictz bergiers les requirent . . .
leurs en bailler; I, 113; III, 109, 151, 167; *commander* II, 244:
luy commandoient la porter à son roy; II, 205; IV, 151, 201;
protester IV, 19: Vous protestastes non contrevenir aux Destins;
IV, 94; *asceurer* IV, 148: nous asceure avoir à guausche des-
couvert une embuscade; IV, 92, 234; *faindre* II, 143: faignoit
Pantagruel avoir armée sur mer; III, 105, 135, 138; IV, 253;
f. de IV, 208; *désister* IV, 33: la terre desistoit leur prester
nourissement; *craindre* III, 30: craignant sa debte perdre;
III, 101, 151; cf. das kausale de VI, 16; *confesser* III, 204:
Bridoye . . ., qui a confessé juger au sort des dez; *consentir*,
bei dem ein nominaler Akk., wie er sich sonst im 16. Jahrhd.
häufig vorfindet, sich nicht hat antreffen lassen, V, 72: je con-
sens jamais ne me marier; VI, 83; *entreprendre* IV, 156: entre-
prindrent le hault mons Pelion imposer sus Osse; IV, 73;
commenc[cz]er III, 50: Considerez . . . quelle partie de son corps
il commencza premier armer; III, 49, 90 und oft; cf. com. à
I, 42, 168; II, 20, 35; III, 49, 50 und oft; *laisser* I, 164: Or
maintenant je vous laisse penser; *deliberer* I, 11: l'oyseau de
Jupiter delibera pariser; I, 102; II, 36; III, 217; d. de II, 143,
145; *promettre* III, 167; promettant . . . oultroyer ce que etc.;
IV, 55; *assigner* II, 90: l'on avoit assignoit à yceulx se trouver
en la rue; *apprendre* IV, 27: de qui estez vous apprins ainsi
discourir; *oublier* I, 192: je ne veulx oublier vous descripre un

enigme; *essayer* I, 113: je essayray le contenter; V, 71; c. de
II, 27; *tenter* I, 111: tentant à mal te tirer; *tascher* IV, 105:
l'anurge ... taschoit se defaire: *reffuser* V, 109: ils ne reffusoient
y comparoistre: *avoir* V, 54: on a faict crier ... que personne
n'eust, ..., prendre cerfs: V, 90: *faire semblant* V, 51: Grip-
peminaud, faisant semblant n'entendre ce propos: *cesser* IV, 43:
ma langue ne cessera confesser ... que etc.: *denier* II, 104:
je ne vouldroyes denier à personne en despartir: *desdaigner*
V, 12: ils ne desdaignent en estat me recevoir de petit Riparographe; IV, 218 *conjurer*: et conjura soy soubstraire de son
obeissance; regreter IV, 108: regretoit n'estre mort; bei den
reflexiven Verben *soy deliberer* VI, 71: que ils se deliberassent
le recognoistre; cf. s. d. de V, 34; *soy complaindre* IV, 90: se
complainct estre mort; *soy enguarder* VI, 66: m'enguarde vous
en escrire davantage; *soy venter* III, 137: 137: Mahumet, qui si
vente ... avoir en ses genitoires la force de etc.: IV, 191.
Während der Infinitiv in den obigen Fällen, in denen er heute
nach apprendre von „à", sonst von „de" begleitet sein müsste,
als Objekt empfunden wird, drückt er in den folgenden
Fällen den Zweck, die Tendenz aus und müsste heut meist
von à begleitet sein.

b) *inspirer* III, 50: nature l'inspira soy armer; cf. de VI, 89;
conspirer III, 50: ensemble tacitement conspirerent plus ne le
servir; *admonester* IV, 119: ilz l'admonestent donner ordre à sa
maison; *aspirer* I, 109: peu de gens sont aujourd'huy habitans
par tout le continent ..., qui ne ayent ambitieusement aspiré
estre receuz en icelle; *induire* I, 39: nature nous induict entendre joye et liesse; cf. à IV, 119: *estre tenu* III, 1.0: de fumée
de son roust n'estoit tenu nourrir les faquins; cf. de I, 172;
II, 74; *contendre* III, 222: contendens estre de tel cas faicte
exemplaire punition; *donner* I, 37: Par laquelle blancheur lu-
mineuse donnoit entendre à ses troys apostres l'idée et figure
des joyes eternelles; II, 117; II, 178; d. à I, 110, 113, 174;
importuner III, 42: Loys unziesme ... feut importuné luy en
laisser quelque un; V, 89; nach den verbis cogendi *forcer* und
astrindre I, 179: estoient forcez et astrinctz y demeurer perpetuellement; cf. parforcer à I, 190; *contraindre* I, 143: furent

contrainctz passer la grande boyre; I, 173; III, 233; c. de II, 48; *soy obliger* I, 173: ilz se sont ... obligez nous bailler ... deux millions d'or; *soy efforcer* I, 5: les sacrements de l'Evangile, lesquelz un frere Lubin, ..., s'est efforcé demonstrer; III, 151, 178, 219.

Der reine Infinitiv in gleichem Sinne, statt des modernen mit pour, ist verzeichnet nach den Verben der Bewegung in eigentlicher und übertragener Bedeutung, so bei *porter* I, 183: Portez voz loups ailleurs paistre en bonheur; II, 63; *esmouvoir*: Quelle furie ... te esmeut ... envahir hostilement ses terres; I, 109; *mener* I, 158: Puis les mena Gargantua prendre leur refection.

6) Der reine Infinitiv zur Bestimmung eines Substantivs oder Adjektivs, der im 16. Jahrhd. oft auftritt (S. Stud. V, 517; Gräf. p. 94; Gl. p. 25; dagegen HGarn. p. 576), hat bei R. eine grosse Ausdehnung erlangt.

I, 10: il sembloit impertinent à tous Les veoir ... baisler; I, 104: donne-moy et pouvoir et sçavoir le rendre au joug de son sainct vouloir; I, 109: ont estimé aussi facile demollir le firmament que etc.; II, 45: il m'a donné povoir veoir mon antiquité chanue refleurir en sa jeunesse: II, 124: aulcun remede, sinon soy retirer; III, 10: ne feurent negligens soy soigneusement mettre ... en office et debvoir; III, 26: Aviez-vous en soing pris me faire riche ...? III, 54: content serois n'y entrer poinct; III, 50: l'home ... eut necessité soy armer de nouveau; III, 101: il me baille en penitence non le dire; III, 121; feirent veu cheveux en teste ne porter; IV, 54: je n'eu loisir le considerer; V, 57: je suis prest te faire compaignie; V, 134: ne feurent negliglens bien tout noter et tout considerer.

7) Der Akkusativus mit dem Infinitiv tritt im 16. Jahrhundert ungemein oft auf (R. Stud. V, 511; HGarn. p. 57; Gl. p. 23; Gräf. p. 90) und zeigt sich bei R. nach den Verben des Sagens, Denkens, Beschliessens *dire* I, 3: Tel disoit estre Socrates; I, 7: Platon ..., qui dict estre aulcuns propos ..., qui etc.; I, 67, 69, 172; II, 20, 83, 102, 104 etc.; *penser* XI, 99: la femme penseroit tous nos signes estre signes veneriens; I, 106, 196; III, 99; *cuyder* I, 110: Cuyde tu ces oultraiges estre

recellés ès esperitz eternelz? *estimer* III, 32: je me donne à
sainct Baholin . . ., en cas que toute ma vie je n'aye estimé
debtes estre comme une connexion et colligence des cieux et
terre; III, 40, 100; *escri[p]re* I, 39: ainsi que Xenophon escript
estre advenu à ses gens; *croyre* III, 137: Je te prie croyre . . .
mon naturel . . . estre le prime del monde; III, 221: *conclurre*
II, 110: il vouloyt conclurre quelque espece de felicité humaine
consister en estat de ladrye; *inferer* II, 110: il infera l'Angloys
estre ladre; *prouver, maintenir* III, 32: exhalations, desquelles
disoit Heraclitus, prouvoient les Stoiciens, Ciceron maintenoit,
estre les estoilles alimentées; *prouver* III, 191; *affirmer* III, 74:
affirmans . . . estre vrays et infaillibles les songes; III, 71;
respondre III, 169: Le Medicin respondoit en son art bien avoir
remedes propres pour faire etc.; III, 213; *reputer* II, 45: je ne
me reputeray totallement mourir, ains passer d'un lieu en aultre;
juger I, 4: jugez trop facillement ne estre au dedans traicté que
mocqueries; *suffire* III, 112: suffist l'une partie estre vraye;
remonstrer sowie „*estre licite*" III, 218: Gargantua remonstre
n'estre licite ès enfans soy marier sans le sceu . . . de leurs
peres et meres; *decreter* V, 7: mon opinion qui decrete icelles
aussi peu avoir esté songées d'Homere que etc.; nach Verben, welche bedeuten „bitten, befehlen, ertragen [als
Modifikation von lassen], wollen", sowie den Verben
der sinnlichen Wahrnehmung; so nach *demander* I, 62:
ilz demandoient les cloches leurs estre rendues; *ordonner*
III, 23: il ordonna au Dieu Terme, . . ., rien n'estre sacrifié qui
eust prins mort; *requerre* III, 209: requeroit son bon droict estre
par Justice maintenu; VI, 34; *endurer* I, 130: regens, qui en-
durent ceste inhumanité . . . estre excercée; *veoir* I, 168: voyant
celluy cousté lequel il tenoit assiegé denué de gens; III, 48,
49; *entendre* III, 15: entendit plus à plaisir et delices leurs estre
choses belles, eleguantes et parfaictes que etc.; *vouloir* I, 33:
tyrans qui voulent leur arbitre tenir lieu de raison; I, 38; III,
48, 49, 70, 205, 207.

8) Bezeichnend für das Bestreben R.'s, durch Anwendung
dieser Konstruktion die Gedanken in möglichster Knappheit
wiederzugeben, sind Stellen wie I, 160: Platon vouloit estre

non guerre nommée, ains sedition, quand les Grecs meuvoient
armes les ungs contre les aultres, wo der Nebensatz das Subjekt des Akk. mit dem Inf. ist, sowie auch der öfters be-
gegnende doppelte Akk. mit dem Inf., wie III, 70: Gargantua
. . . nous a souvent dict . . . difficile chose estre, bous et serains
rester les espritz; III, 218 und sonst.

9) Rabelais eigentümlich ist es, statt des attributiv an ein
Substantiv sich anschliessenden Participiums Perfekti Akt. oder
des aktiven Infinitivs Perfecti mit der Präposition „après" das
letztere Tempus ohne Präposition zu gebrauchen. Cf. Gloss.
Bd. VII, p. 18; Orelli p. 301; Darm. § 208.

III, 19: Pantagruel, avoir entierement conquesté le pays
de Dipsodie, en icelluy transporta une colonie de Utopiens; III,
20: Les Dipsodes, avoir peu de jours avecques eulx conversé etc.;
III, 130: Panurge . . ., avoir passé la bourgade de Huymes,
s'adressa à frere Jan; III, 145: Pantagruel, l'avoir leu et releu,
dict; III, 178: Pantagruel . . ., les avoir cordialement remercié,
se retira; III, 224: Pantagruel, avoir prins congié du bon Gargantua, . . ., arriva au port; IV, 75, 80, 95, 124, 179, 182, 199,
201; V, 52, 54, 95 und sonst. In Bd. I und II fehlt diese
Konstruktion.

10) Der Infinitiv mit der Präposition „de" als historisches
Tempus in lebhafter Rede hatte eine grosse Gebrauchssphäre
im 16. Jahrhd. Cf. Darm. § 207; Mätzner, Gr. p. 449, 4; R.
Stud. V, 526; Gräf. p. 97 c. Cf. p. 110, 1.

II, 115: comment ilz tiroyent au chevrotin! et flaccons
d'aller, et eulx de corner; II, 124: et chiens d'aller après, et
elle de se cacher, et chambrieres de rire; V, 21: Lors sonna
une cloche six coups seullement, et Monagaux d'accourir, et
Monagaux de chanter; IV, 79: il s'en chausse comme d'une
mitaine, et de daubber Chiquanous et de drapper Chiquanous.
Über den präpositionalen Infinitiv siehe im übrigen die
Präp. (w. u.).

Das Participium.

A. Das Participium Präsentis (Gerund.)

1) Das Participium Präsentis in verbaler Funktion konnte in der ganzen mittelfranzösischen Sprachperiode flektiert werden (Darm. § 210; R. Stud. V, 540). Bei R. nun kommen alle Formen vor, welche das Part. Präs. seiner Zeit annehmen konnte, die sich aber selten vereint bei einem Schriftsteller zeigen.

a) Das Part. Präs. transitiver Verben hatte die Endung ans für beide Geschlechter:

α) I, 3: le voyans au dehors et l'estimans par l'exteriore apparence, n'en eussiez donné un coupeau d'oignon; I, 4: Vous ..., lisans les joyeulx titres d'aulcuns livres etc.; II, 17: lysans ce passaige, vous faictez en vous-mesmes un doubte bien raisonnable; II, 19: Vous les eussiez veuz tirans la langue; II, 26: Ce que voyans ceulx qui etc.; II, 70: Nous ne pouvons faillir à prendre le loup, faisans les hayes dessus le moulin à vent; II, 80: me voyans ainsi ... rousty, eurent pitié; II, 90: la bonne grace qu'ils avoient en fuyant, pensans que etc., les paiges qu'il trouvoit portans du vin; und oft.

β) Cf. hierzu Darm. § 210; Nfrz. Z. IV, 174. — I, 26: elles, considerans cette complexion divine; II, 95: les femmes ryoient, luy disans etc.; III, 167: Ayans ceste persuasion. en leurs caboches, elles feront leurs coquz; V, 23: les meres ... leurs mettans une chemise seulement sus la robbe, sur le sommet de la teste leur couppans je ne sçay quant chevaux etc. Im allgemeinen ist die Zahl der hierher gehörigen Beispiele durch das häufige Auftreten von Participien auf -antes beschränkt. Cf. b).

b) Transitive Participia Präsentis mit weiblicher Endung.

I, 15: elles sont femmes bien entendentes les beaulx et joyeux menuz droitz de superfetation; III, 63: femmes lubricques, non tenentes la foy promise à leur mariz; IV, 34: Philomela

exposante et representante à sa soeur Progné comment etc.;
IV, 43: chose transcendente ma faculté et puissance; IV, 45:
la tapisserie contenente la vie et gestes de Achilles; IV, 56:
Icelles, attendentes sa venue; IV, 166: Les andouilles . . .,
levantes hault leurs maints joinctes; III, 94: la femelle s'es-
curante les dents; III, 111: l'eclise Romaine, soy sentente
emburelucoquée d'aulcun baragouinage d'erreur etc.; III, 101,
167, 207, 212; V, 120, 167; VI, 61. — Schon diese, auf Transitiva beschränkte Auswahl von Beispielen genügt, Glauning's,
auf Schönermark's Citate gestützte Meinung zu widerlegen, als
seien Participia Präsentis auf antes auch bei R. selten. Cf.
Gl. p. 26; HGarn. p. 58; Gräf. p. 100, wo wenige resp. gar
keine Beispiele haben beigebracht werden können.

c) Bei dieser Sachlage ist es natürlich, dass Participia
Praes. intransitiver Verba öfters als im Neufranzösischen
flektiert werden, um so mehr, als die Scheidung zwischen ad-
jektivischer und verbaler Bedeutung oft nicht genau zu machen
ist (Lück. § 359). Doch würde die moderne Sprache zweifel-
los das Gerundium vorziehen: α) I, 13 gens marchans sus
eschasses; II, 18/19: les pauvres poissons . . ., vagans et cryans
par la terre horriblement; und oft; β) IV, 56: isle triangulaire
bien fort resemblante à Sicile; IV, 147: advenente la serenité
et temperie du bon temps; IV, 235: toutes restoient en l'air
flottantes et tournoyantes autour de la pierre; V, 25: une ligne
perpendiculaire tombante sur une ligne droite; I, 119; II, 8;
III, 154/5 und sonst.

d) Das Participium Praes. reflexiver Verben macht keine
Ausnahme von den obigen Angaben, hat also zweigeschlechtige
Flexion.

III, 94, 111 s. o.; dazu IV, 45: nous esloignans de
l'Aequinoctial, descouvrismes une navire marchande; ibid.:
Nous rallians avecques eulx, congneusmes etc.; IV, 46: nous
enquestans de l'estat du pays; IV, 147: andouilles soy retirantes
le grand pas vers leurs ville; IV, 171: nous pourmenans par
l'isle, rencontrasmes troys gros esventez; IV, 172: quand sommes
à table, nous alimentans de quelque bon et grand vent de
Dieu, . . ., quelque petite pluie survient; IV, 207: ainsi vous

adonnans à l'estude ... des sacres Decretales, vous serez riches;
IV, 207, 212, 220; V, 88, 104, 107, 111, 112 und sonst.

e) Das Participium auf -*ans* in Beziehung auf ein Nomen
im Singular, das sich vereinzelt im 16. Jahrh. zeigt, scheint
bei R. in grösserem Umfange vertreten zu sein, als bei den
übrigen Schriftstellern seiner Zeit. Cf. R. Stnd. V, 542; Gräf.
p. 100; HGarn. p. 59.

I, 6: quelle cause est pour quoy autant n'en ferez de ces
joyeuses et nouvelles chroniques, combien que les dictans n'y
pensasse en plus que vous; I, 157: Luy [Grandgousier] disans
ces parolles, entra le moyne; II, 142: l'anurge prins deux
verres ..., les esloignans à part par la distance de cinq piedz;
II, 151: Pantagruel, jectans les yeulx au ciel, se recommanda
à Dieu; III, 37: figurez nostre Microcosme, ..., c'est l'homme,
..., prestans, empruntans, doibvans; III, 45: Un fiffre allans
en fenaisons Est plus fort que deux qui en viennent; IV, 189:
Regnans Numa Pompilius roy second des Romains en Rome,
feut etc.; IV, 195: Homenaz ..., adressa sa parolle à un des
maistres sommeliers, disans etc.; IV, 196: feist une lourde ex-
clamation, disans etc.; IV, 220: Hippocrates, comme parlans
de ventre; V, 12: supplians que de grace speciale, ..., ils ne
desdaignent en estat me recevoir de petit Riparographe; V,
70: ayans jà par dix ans pedé graisse en abondance, estoit
venu en ces crevailles; V, 171: Bacbuc, jettans je ne sçay
quoy dedans le tymbre etc.

f) Auch die Participia von „*avoir*" und „*estre*" sind,
wie nicht anders zu erwarten, bei R. sehr oft flektiert.

V, 12: estans ... tous les trésors ... departis; V, 39: Nous
estans bien apoinct sabourer l'estomach; V, 138: ne seriez
receuz de la Dive Bouteille, estans par cy dessous passez; V,
75: Ayans ... coustoyé le tourbillon ..., nous sembla l'air
plus serain que de coustume; V, 71: Ayans serpé nos ancres
et gumenes, feismes voile; V, 118: Ayans vuidé et espuysé
tous vos vases etc.; III, 83; IV, 15, 57 und oft. — Für das
flektierte Part. Präs. in den mit „*estre*" umschriebenen
Formen sind Beispiele o. p. 18 zu finden.

Zusammenfassend sei bemerkt, dass das Verhältnis der

flektierten Formen des Participiums Präs. zu den unflek-
tierten ist: im zweiten Buch wie c. 5:2, im dritten Buch
ebenso, im vierten wie c. 5:1, in den zwei übrigen wie c. 3:1.

g) Es bedarf kaum des näheren Nachweises, dass R., wie
die übrigen Schriftsteller seines und des folgenden Jahrhunderts,
das Part. Präs. resp. Ger. freier verwandte, als es heute ge-
stattet sein dürfte. Cf. R. Stud. V, 444—547; HGarn. p. 60;
Chass. § 333 f.

I, 160: Laissans la Villaumere, et retournans vers Pantagruel, par le chemin Panurge s'adressa à Epistemon, worin
sich die Participia auf Panurge und den mit ihm gemeinschaft-
lich reisenden „frere Jan" beziehen; III, 20.21: La maniere
d'entretenir ... pays nouvellement conquestez n'est (...) les
peuples pillant, forçant, angariant etc.; IV, 44: Force est que
pasture elle prennent ès arbres fruictiers, ou en ratelliers idoines,
ou en main leur offrant herbes „oder dass man ihnen ...";
und sonst.

h) Ferner wird im 16. Jahrh. ganz allgemein das prä-
positionslose Gerundium gebraucht, wo die neuere Sprache
dasjenige mit „en" setzen würde (R. Stud. V, 551; HGarn.
p. 61; für das 17. Jahrhd. Godefr. II, 115), wofür auch bei
R. zahlreiche Beispiele zu finden sind.

I, 25: il brasmoit demandant à boyre; II, 50: ce que tu
ne pourras mieulx faire que tenent conclusions en tout sçavoir
..., et hantant les gens lettrez; III, 13: Salomon n'a sçeu
mieulx nous repraesenter la perfection ... de la sapience divine,
que la comparant à l'ordonnance d'une armée; III, 14: Icy
beuvent je delibere; ibid.: Ennius beuvant escrivoit, escrivant
beuvoit; ibid.: Aeschylus ... beuvoit composant, beuvant composoit; III, 22: Ainsi feut par Hercules tout le continent possedé,
les humains soullageant des monstres; III, 22: plus en heur ne
peut le conquerant regner ..., que faissant Justice; III, 157:
plus aptement ne pourroient ... macerer leurs corps, ..., que
le feisant; und sonst.

i) Fast mehr ein Anglicismus als ein Gallicismus erscheint
die öftere Verbindung eines Part. Präs. resp. Gerund. mit

einem Verbum der sinnlichen Wahrnehmung, wie III, 92:
Quantes foit vous ay je ouy disant que etc.: III, 232: Aultres
avons ouy, . . ., soy . . . complaignans et lamentans de que etc.;
III, 138, IV, 152, 210; VI, 115 und oft: bei veoir II, 81, III,
90, 92, 124; VI, 200 und oft. Bei *continuer*: IV, 20: Pantagruel continuoit affermant ouyr voix diverses, sowie bei *perse-
verer*: IV, 211: Plus perseverions escoutans, plus discernions
les voix dürfte das Participium resp. Gerund. wohl schwerlich
sonst begegnen. Cf. Gr. III, 261, 4.

k) Das präpositionale Gerundium mit eigenem Subjekt ist nur noch in der Formel „en ce pendeht" (I, 143 und
oft) vorhanden.

l) Das substantivierte Participium war im 16. und 17.
Jahrhd. von ausgedehnterem Gebrauch als heute (Gräf. p. 104;
Chass. § 342, Hist. III). Bei R. ist es oft zu beobachten, so
I, 195: aux survenans; ibid. és assistans; III, 41: aux refusant;
III, 41: des recepvans; IV, du donnant; du recepvant; du re-
compensant; IV, 45: le recepvant; IV, 74: les jouans; V, 42:
des invoquans; V, 96: fut ceste salutation de tous desmarchans
observée; und oft.

m) Ganz dem modernen Sprachgebrauche zuwider sind die
Fälle, in denen zu dem substantivierten Participium Ob-
jekte oder Negationen oder adverbielle Ergänzungen
hinzutreten, wie I, 18: Rendez moy de non beuvant beuvant;
III, 173: Ceulx qui ont femme soient comme non ayans femme;
IV, 55: afferment plus heureux estre les trepassez que les
vivans en cette vallée de misere = que ceux qui . . .

B. Das Participium Perfekti.

1) Die Nichtkongruenz des mit avoir verbundenen Participiums Perf. zeigt sich bis in's 17. Jahrhd. hinein, und ist
auch bei R. noch oft genug zu beobachten, so I, 50; je ne
les ay faict mie; ibid. les ay retenu en la gibbesiere de ma
memoire; I, 68: il les avoit eu de Gargantua; I, 80: ils avoient
les ames . . . exercé; 101, 108, 109, 114, 125, 130, 146, 156,
158, 161, 171. Doch ist mit Bezug auf R. die irrige, auf

Schönermark's Beobachtungen gestützte Meinung Glaunings
(l. c. p. 28) zurückzuweisen, dass Rabelais im Gegensatz zu
Marot und Montaigne die Kongruenz des Part. Perf. meist ver-
nachlässige. Diese Behauptung ist schon von Bastin, p. 18,
berichtigt worden, indem er sagt: „Rabelais n'admettait aucune
règle fixe ou préconçue pour l'accord ou l'invariabilité du
participe, précédé de son complément direct". In der That
besteht zwischen den Fällen der Kongruenz und denen der
Inkongruenz ein gleiches Verhältnis, wie die hierüber
angestellte Statistik lehrt. Für das 2.—6. Buch ist es wie
c. 1 : 1; 1 : 1; 6 : 5; 1 : 1; 6 : 5.

2) Im Einzelnen ist zu bemerken, α) dass bei der noch
im 17. Jahrhd. vorkommenden Stellung des Objekts zwischen
Hülfsverb und Participium (Darm. § 327) R. die Kongruenz öfters vernachlässigt als beobachtet. Vernachlässigt ist
sie im vierten Buch p. 11: l'on m'en a aulcuns supposé faux
et infames; p. 42: avez . . . mes espritz recrée; p. 91: à ce
devot asne a les figues abandonné; p. 147: Plus toust auriez
vous les chatz et ratz, . . . reconcilié; p. 158: ilz . . . avoient
Andouilles combattu; p. 256: j'eusse autant de mousches avallé
que etc.; beobachtet ist sie: pp. 34, 175, 202, 253. Im fünften
Buche ist sie vernachlässigt p. 25: ont leurs pennages laissé;
p. 54: avoir leurs chasteaulx etc. destruit et devoré; p. 150:
avoit la vertu . . . cogneu; beobachtet ist sie pp. 25, 52, 80.

β) Folgt das Objekt dem Participium, so gehören Fälle
beobachteter Kongruenz im 16. Jahrh. bereits zu den Aus-
nahmen (H. Synt. Unt. p. 110; R. Stud. V. 554), die aber,
wenn man die Zahl der von HGarn. p. 62, Gl. p. 29, Gräf.
p. 106 u. a. beigebrachten Beispiele in Betracht zieht, nicht
so selten sind, als Bastin p. 12 annimmt. Aus R. sind nur 2
Stellen zu verzeichnen, II, 127: Quand Pantagruel eut leue
l'inscription, il feut bien esbahy; I, 195: tenue l'auront (sc.:
la terre).

γ) Für die Willkür in der Behandlung des Participiums
Perfekti ist IV, 70 bezeichnend: il les avoit receus et envoyé.
Cf. HGarn. p. 62.

δ) Erwähnenswert ist auch die öftere Hinzufügung von

„*apres*", sowie von temporalen Adverbien wie „*soubdain*", „*subitement*", „*incontinent*" zu den in Verbindung mit einem Substantiv absolut auftretenden Participien, um die Vorstellung von der unmittelbaren Aufeinanderfolge zweier Handlungen zu erhöhen. Cf. Mätzner, Gr. p. 459; Tobl. p. 94 f.

I, 87: Aprés graces rendues se adonnoient etc.; I, 130, 195, 196; II, 71: incontinent les lettres veues; I, 62: soubdain ce propos enteudu; I, 121; VI, 74: subitcment ses lettres receues.

ε) Das Part. reflexiver Verben mit dem Dativ des Pronomens kongruierte im Altfrz. mit dem Subjekt, wofür R. neben dem von Gessner (Jahrb., Bd. 76, p. 218) citierten „se sont frottez leur lard" nur noch das eine Beispiel liefert: V, 39: Nous estans bien sabourcz l'estomach.

C. Die Participien beiderlei Geschlechtes betreffende Erscheinungen.

1) Mätzner bespricht in seiner Grammatik (p. 456, 2) den Fall, dass bei einem Satzsubjekt, — hier ein persönliches Pronomen, welches aber, im Voraus bemerkt, bei R. nicht gesetzt zu werden braucht —, dem attributiven Participium Präs. zuweilen trotzdem ein eigenes Subjekt beigegeben wird. Für R.'s Stil bezeichnend ist nun, dass er öfters jenes grammatikalisch entbehrliche Subjekt Participien beiderlei Geschlechtes beifügt, so I, 77: Luy esveillé, secouoit ... les aureilles; I, 79: Eulx retornans consideroient l'estat du ciel; I, 86: Eulx arrivez au logis, ..., repetoient quelques passaiges; ibid.: luy froté, nettoyé et refraischy d'habillement, tout doulcement retournoit; I, 120: nous retournez, repouserons à noz aises; II, 101: eulx arrivez au logis, ilz font fouetter monsieur du paige; und sonst.

2) Es handelt sich hier um Participia beiderlei Geschlechtes, die im Neufrz. ganz oder teilweise Präpositionen geworden Bastin sagt (p. 54) mit Bezug auf die passivischen derselben: le français avant de traiter le mots construits de cette manière comme des prépositions, les regardait comme de vrais participes, et les faisoit accorder, comme dans l'ablatif absolu du latin, en genre et en nombre avec les substantifs, auxquels ils

se rapportaient, citiert zum Beleg für seine Behauptung R.
neben Froissart und Amyot und begeht dadurch den Irrtum,
die Zeit R.'s als derjenigen vorangehend zu bezeichnen, in
der jene Participien zu Präpositionen wurden. Sein Versehen
ist um so auffallender, als er (l. c.) Palsgrave anführt, der
1530 „excepté" eine Konjunktion, somit unveränderlich sein
lässt. In der That lassen sich aus R. zahlreiche Beispiele da-
für anführen, dass der alte Brauch erschüttert zu werden und
dem neuen Platz zu machen beginnt: *veu* II, 75: veu la cor-
ruption des hommes; dagegen I, 61: veuz les inconvéniens;
III, 236: veue l'utilité impreciable etc.; *considéré* I, 25: considéré la grande quantité; IV, 80: consideré l'assiette; II, 73:
considérée l'orripilation (demgemäss ist Toepel p. 46a zu ergänzen); *moyennant* II, 45: moyennant l'ayde et grace divine;
dagegen III: Moyennantes les loigs; III, 235: Icelle herbe
moyennante etc.; *attendu* IV, 84: attendue l'enorme concussion;
V, 92: attendu la numereuse diversité; *durant* I, 18: durant
le temps de innocence; V, 31: durant leur propos; V, 54: leur
premiere vie durante; V, 21: ce temps durant deutet durch die
Stellung von d. auf die Auffassung als Participium hin. Auch
pendent lässt sich, wie III, 177: icelluy temps pendent und
sonst, als Participium betreffen. Dass nun vollends „*excepté*",
wovon Bastin (l. c.) Beispiele anführt, nicht mehr ausschliesslich Participium ist, zeigt das an ihm bei R. oft zu beob-
achtende paragogische „s" der Partikeln (Gr. II, 456). I, 148:
exceptez les festes; III, 104: exceptez le maistre doigt; ibid.
exceptez le poulce; IV, 33: exceptez un jour; IV, 62: exceptez
frere Jan. Cf. exceptez que IV, 59. Sonst ist e. natürlich
auch Participium. III, 148: excepté Bridoye; V, 93: exceptée
la premiere desmarche und oft.

Präpositionen.

I. Die Präposition de.

1) Temporales de zeigt sich bei R. in erheblich weiterem Umfang als heute. Cf. HGarn. p. 73; Gräf. p. 111.

de present I, 3, 8, 65, 103, 105, 169; II, 28, 29, 47; cf. à present I, 69, 109, 115; II, 57; I, 103: Picrochole, mon amy ancien, de tout temps, de toute race et alliance, me vient il assaillir? I, 108/9: de toute memoire et ancienneté; I, 195: Ce n'est de maintenant que . . . les gens sont persecutez; I, 193: de plein jour; II, 74: n'aviendra de treze jubilez que etc.; II, 75: de trente jubilez nous n'aurons le jugement final; II, 78: De pleine arrivée il tire la broche où j'estois embroché; II, 81: de premiere venue; II, 125: D'ancienneté les pays n'estoient dinstinctz par lieues; III, 88: Leur chemin fent de troys journées; III, 130: Je ne feray bonne chere de deux, non de quatre jours; I, 143: de soir; I, 157: de jour; II, 143: de matin = demain; V, 116: de cest an; VI, 18; V, 131: là de jeunesse ils apprenoient à estre tesmoins; und oft.

2a) De in übertragener lokaler Bedeutung zur Einführung des sogen. logischen Subjektes (Tobl., p. 5 ff.), welches noch im 16. Jahrhd. häufig diese Funktion ausübt (Darm. § 226, 6°), ist bei R. seltsamerweise nur an den folgenden Stellen zu betreffen.

I, 121: c'estoit chose estrange . . . des excès qu'ilz faisoient par le pays; II, 117: Ce n'est que miel, ce n'est que sucre, . . ., de tout ce qu'est en vous; V, 25: A tous estoit presque d'une forme, mais non à tous d'un couleur. Analog gebraucht scheint de vor prädikativem Adjektivum bei *sembler*, wie das bei ebensolchem Substantivum nicht vereinzelt ist (Cf. HGarn. p. 74, 1); II, 60: le prierent . . . leur en faire le raport tel que de bon luy sembleroit; IV, 199: sembloit d'une paele à fricasser chastaignes.

2b) De der Vergleichung kommt noch im 16. Jahrhd. vor (Darm. § 226, 4°, Gräf. p. 111, de 5); so zuweilen

bei R. VI, 33: la principale [sc. nymphes], plus eminente et
haute de toutes autres, ..., portoit ... un croissant d'or; I,
77: le dormir m'a valu autant de jambon; demgemäss ist
Toepel p. 3 Anm. zu berichtigen.

3) Kausales de hat eine sehr ausgedehnte Sphäre. Es
steht bei Verben des Sagens und Denkens in der Bedeutung
„in betreff“, „über“, „in Bezug auf“, so I, 8: pour vous donner
à entendre de moy, qui parle; I, 121/2: par luy seroient mieulx
advisez de tous affaires; IV, 192: Que vous semble de ceste
image und sonst. — Sehr oft ist „en“ in gleichem Sinne zu
begegnen, so II, 108: Nous verrons qui en gaignera; II, 114:
m'en a dict plus que n'en demandoys; III, 57: il s'en donnera
bien guarde; III, 56: Aultre asseurance ne vous en sçauroys
je donner; III, 57: vous m'en avez bien resjouy; und oft.
Cf. HGarn. p. 75. 2. —

Ungemein zahlreich sind die Fälle, in denen „de“ statt
des modernen „quant à“, sowie „quant de“ statt „q. à“ gebraucht ist. Cf. Nfr. Z. IV, 114; Gräf. p. 111, 7; Chass.
§ 406, 5° H.

I, 64: quant est de moy; I, 159: Quand est de vostre
ranczon; II, 81: De moy, je prens mon chemin vers la porte;
II, 88: Quant est de celle que je porte etc.; II, 144: car de
moy, .. , je n'espere en ma force; II, 150: De couraige, j'en
ay pour plus de cinquante francs; II, 178: Quant est de leur
estude, elle est etc.; III, 117: je le sçay bien quant est de
moy; IV, 13, 76, 110, 138; V, 11, 57 und oft. —

De in der Bedeutung „aus“ = „par“ war noch im 17. Jahrhundert sehr in Gebrauch. Cf. Chass. § 406, 5° H. 2°; II, 85:
tumba de peur à la renverse; und sonst. — Dieses kausale
de steht öfters vor Infinitiven, wo das Neufranzösische die
Gérondiv-Konstruktion vorziehen würde. Cf. HGarn. p. 74, 2;
Nfr. Z. IV, 169.

I, 114: pensant ilz bien avoir affaire à une duppe, de
vous paistre de ces fouaces; II, 23: tu me es oultrageuse de
me tollir celle etc.; II, 178: il sembleroit que ne fussiez grande-
ment saige de nous escrire ces ballivernes ..., je vous responds

que vous ne l'estes gueres plus de vous amuser à les lire;
und sonst. —

Der kausale Infinitiv mit „de" zeigt sich nach einigen
Verben und Adjektiven, nach denen das Neufranzösische
„à" setzt. Doch ist ihre Zahl bei B. im Gegensatz zu anderen
Schriftstellern seines Jahrhunderts (cf. HGarn. p. 75, 3; R. Stud.
V, 526 u. a.) darum gering, weil der reine Infinitiv eine so
grosse Ausdehnung hat (s. o.). *Penser* V, 67: Frere Jan,
..., pria Pantagruel de penser du disner, et de mener avecques luy Gaingnebeaucoup; *consentir* IV, 190: De consentir
tresbien nous consentons; *soy offrir* I, 70: se offrirent d'entretenir et nourrir sa jument; I, 122: Gymnaste se offrit d'y aller;
soy hazarder IV, 237: si vous voulicz vous hazarder de croire
quelque aultre divinité de ce sacre Pantagruelion, je la vous
dirois; VI, 66: Je ne luy oserois faire responce sans me ha-
sarder d'encourir grande fascherie; *prest* I, 147: Quand doncques je les voiray ... prestz d'estre noyez; II, 104: tu me
trouveras prest de obtemperer; VI, 78: ne sommes prests d'avoir
Legat en France; cf. p. à IV, 13, V, 96; p. pour IV, 70; besonders beachtenswert ist der Infinitiv mit de nach *estre*, so
I, 62: affin qu'il ... deliberast ... ce que estoit de faire;
I, 67: consulta Gargantua ... sur ce qu'estoit de faire; I, 104:
conseille moy à ce qu'es de faire; I, 112: Je le veulx, ...,
bien entendre davant qu'aultre chose deliberer sur ce que seroit
de faire; I, 166: delibera ... sur ce qu'estoit de faire und
sonst. De mit einem Nomen im Anschluss an Verba, die heute
mit à verbunden werden: so bei *penser* II, 136: il vault mieulx
penser de vostre affaire; *soy soubstraire* IV, 218: conjura soy
soubstraire de son obeissance; V, 144: nous commanda ...
d'elle *se confier*. —

In allen diesen Fällen ist die Entwicklung des kausalen
de aus dem lokalen [de = „von her"] leicht erklärlich; doch
dem ist nicht so, wenn R. sagt IV, 185. Mais exposez nous
... *de qui* entendez (cf. Tobl. p. 16), oder V, 25: Cela *de rien*
ne nous melancholie.

Anmerkung. Über den kausalen Genitiv im An-
schluss an verba sentiendi und declarandi vergl. Toepel p. 7 f.

4) De zur Bezeichnung des Urhebers einer Handlung ist noch im 17. Jahrhd. üblich (Nfr. Z. IV, 13) und von R. überaus häufig verwandt.

II, 26: la quarte [sc. chaine] fut emportée des diables; II, 83: on est envahy de ses ennemys; II, 172: je fuz destroussé des brigans; III, 15: femme, ..., laquelle feut recougneue du philosophe; III, 76: aussi ne sera de vous faicte metamorphose ..., mais d'elle vous serez battu; III, 125: seras de sa femme battu, et d'elle seras desrobbé; III, 140: tu seras bien traicté d'elle; III, 214: d'elle serez battu; IV, 11: de Dieu et des hommes bien aymé; IV, 15: de ceulx les prieres n'ont jamais esté esconduites, qui etc.; IV, 16: feut... de lui veu; IV, •18: l'autre est des giens aimé; IV, 19: de beste ... ne seroit prins ne offensé; 40, 43, 44, 62, 63 (2), 79, 83, 93, 150, 155, 187, 188, 180 (4), 195, 204, 220, 232, 243, 246, welchen Fällen gegenüber par im vierten Buche zu verzeichnen ist pp. 20, 40, 76, 77, 109, 115, 118, 119, 122, 138 (2), 140, 154, 222, 232, was für R. das Verhältnis von beinahe 2 : 1 ergiebt. Cf. dagegen HGarn. p. 77.

5) Zur Bezeichnung des Mittels hat de bei R., wie auch bei anderen Schriftstellern seines Jahrhunderts, eine ausgedehnte Verwendung gefunden. De ist gleich modernem avec, par.

I, 9: toucherent les piocheurs de leurs marres un grand tombeau; I, 10: On l'eschaufa d'un parfunct de naveau; I, 27: se bressoit en dodelinant de la teste, monochordisant des doigtz et barytonant du ...; I, 38: le leon, qui de son seul cry et rugissement espovante tous animaulx; I, 40: se frottoit ordinairement le ventre d'un panier; ibid.: Les dens aguysoit d'un sabot; ses mains lavoit de potaige, se pignoit d'un goubelet, ..., se couvroyt d'un sac mouillé; I, 48: Dont feu gary me torchant de ma braguette; I, 82: louable gloire est d'une lance avoir rompu dix de ses ennemys; I, 101: Sçavez vous de quelz ferrements?; I, 102: le moyne les assomoit de coups; I, 113: avoit ... blessé Forgier de son fouet; II, 27: il le falloit liger de chaisnes de fer en son berceau; II, 63, 117, 135; und oft.

6) De zur Bezeichnung der Art und Weise ist bis in's

17. Jahrhd. hinein allgemein üblich gewesen (Nfr. Z. IV, 115) und auch von R. sehr oft gebraucht. Cf. HGarn. p. 78; Gräf. p. 11, 3.

I, 4/5: vous avez peu noter de quelle devotion il le guette, de quel soing il le guarde, de quel ferveur il le tient, de quelle prudence il l'entomme, de quelle affection il le brise, et de quelle diligence il le sugce; I, 9: fut ladicte genealogie trouvée escripte au long, de lettres caucelleresques. . . . , en escorce d'ulmeau; I, 108: la cordiale affection de laquelle tousjours a chery ses subjetz; I, 155: les embrassa de bon amour; I, 172: mon dict pere commença lamenter de pitié; II. 90): le ruant de grande force contre la vallée; II, 135: courut après de telle roiddeur que etc.; III, 16: jamais en maulvaise partie prendront choses quelconques ikz congnoistront sourdre de bon, frauc et loyal couraige; IV, 22: ilz leurs coignent . . . d'audace leurs emmanchouoirs; und sonst.

7) Das partitive de, das in der älteren Sprache, und teilweise noch im 17. Jahrh., oft entbehrlich war (HGarn. p. 78; Nfr. Z. IV, 117), fehlt auch bei R. noch ziemlich oft. So a) nach den Quantitätsbezeichnungen: I, 115: Nous, . . . , n'aurons que trop mangeailles; I, 174: sa fortune rien plus souverain n'avoit; I, 139,40: Il n'y a rien si vray, que etc.; II, 57: nous aurons en aultre temps plus commode assez loysir d'en racompter; II, 69: ne croyez que . . . n'y eust rien meilleur à soy garder; III, 17: Les geants . . . out . . . assez sacs au croc; III, 200: prou sacs; cf. prou de I, 22, V, 131; V, 26: rien si cher ne si precieux est que le temps; V, 23: je ne sçay quant cheveux; ebenso V, 140: Quant degrez, . . . , avez compté?; cf. q. de V, 7, 12. Das gleiche Abhängigkeitsverhältnis des Substantivs von dem Mengewort liegt vor, wenn das letztere nachgestellt wird, eine Stellung, die R. sehr oft anwendet, aber nur einmal, ohne dem Substantiv de beizufügen; III, 205: Je trouveray par mes royaulmes lieux assez et estatz pour etc.; b) nach den Negationen, doch in sehr wenigen Fällen (cf. HGarn. p. 79, 7; Nfr. Z. IV, 117), II, 27: il n'avoit pas espace au berceau; II, 163: je ne donne poinct deniers. Ausgenommen sind hier natürlich die sehr zahl-

reichen Stellen, wo artikelloses Substantivum durch „ne" allein negiert wird.

Anderseits ist es im 16. Jahrhd. nicht vereinzelt (HGarn. l. c.) dass de sich nach voller Negation vor dem Substantivum einstellt, das mit dem Verbum einen Begriff bildet, wie III, 115: il avoit plus de besoing de leur ayde, sowie dass nach blossem „ne" das partitive de auftritt, wie I, 118: Ne vous fournirent-ilz de vin à suffisance?; II, 132: il n'est de raison que ainsi faciez; V, 143: fist responce peremptoire que n'eussions d'espoir aucun; VI, 61: n'ay receu de vos lettres.

Partitives de in altfranzösischer Weise, d. h. Substantiva mit dem Artikel nach Mengewörtern, kommt auch noch im 16. Jahrhd. vor (HSynt. Unt. p. 41; HGarn. p. 79; HArch. 49, 175). So auch bei R., I, 23: par trop avoir mangé des tripes; II, 123: autant des poincs de purgatoire; III, 215: en deduction de tant moins des poincs de Purgatoire; auch II, 166: ceste ville est tant pleine des habitans qu'ilz ne peuvent se tourner kann in diesen Zusammenhang eingereiht werden. Die erwähnte Erscheinung tritt bei R. öfters auf, wenn das Mengewort dem Substantiv nachsteht (cf. auf HGarn. p. 79, 7), so I, 147: J'ay veu des pendus plus de cinq cens; II, 173: vous me faictes du bien plus que n'ay deservy envers vous; III, 41: Vous me faictes de biens beaucoup; III, 122: Il y a de l'abus beaucoup; III, 140: tu auras des amis beaucoup; IV, 20: Nous y aurons du pessetemps beaucoup; IV, 108: J'ay du couraige prou; IV, 215: nous y eusmes du passetemps beaucoup; V, 143: J'ay du couraige tant et plus; VI, 7: humez de l'air comme de huytres tant que voudrez.

Das partitive de vor selbständigem Substantivum, mit oder ohne Adjektiv, der sogenannte Teilungsartikel, ist in seinem Gebrauche noch im 17. Jahrhd. ungeregelt (Nfr. Z. IV, 106). Das Verhältnis der Stellen, die ihn haben, zu denen, die ihn nicht haben, ist bei R. wie ungefähr 5 : 2. Cf. I, 3: Silenes estoient jadis petites boites telles que etc.; I, 5: il rencontroit gens aussi folz que luy; I, 9: on peut lire lettres non apparentes; ibid.: Les ratz et blattes, ou (...) aultres malignes bestes etc. (s. w. u. über den Teilungsart. bei aultre); I, 16:

Gaudebillaux sont grasses tripes; ibid.: Coiraux sont beufz engressez; ibid.: Prez guimaulx sont qui etc.; I. 21: ce sont herbes; I, 22: en brief elle feroit piedz neufz.; I, 27: ordonna qu'on luy feist habillemens à sa livrée; I, 28, 29, 37, 38, 41 (4), 54, 59, 63, 64, 65, 68, 69 (2), 72, 77, 91 (4), 111, 120, 129, 130, 132 (4), 139, 141, 142, 145, 146, 157, 158, 166, 172, 177, 178, 185, 186, 187; und sonst.

Es erscheint jedoch wichtig zu konstatieren, dass bei R. die dabei möglichen modernen Fügungen durchaus einge-bürgert sind.

II, 63: une bonne femme . . . portoit vendre des oeuf au marcher; II, 71: de l'eau beniste beuvroyent; II, 80: ilz ne me bailloient que de l'eau à boyre; II, 90: de petites quelues de regnard; ibid.: de bosses chancreuses; II, 105: faictes tant que ayons de l'eau fresche; II, 114: m'a ouvert . . . *d'aultres* doubtes inestimables; II, 120: je vous en veux bien donner *d'aultres*; II, 126: Les aultres mettent *d'aultres* raisons; II, 158: repe-tassoit de vieilles chausses; II, 170: je croy que estoient . . . de grand prez, de grandes forestz, de fortes et grosses villes; besonders beachtenswert nach Präpositionen, so I, 44: mon-tans par d'aultres degrez; I, 100: à d'aultres; II, 127: avec du sel ammoniac; III, 128: sus des charbons ardens nous mettrons de la semence de pavot et de sisame: IV, 215: je vouloys quelques motz de gueule mettre en reserve dedans de l'huille, comme l'on guarde la neige et la glace, et entre du feurre bien nect; II, 239: avecques des jectz d'esmerillon; V, 85: avec des rets; V, 157: montez sus des petis chevaux.

Partitives de vor einem Substantivum ohne den bestimmten Artikel zeigt sich auch noch im 17. Jahrhd. (Chass. § 198; Rem. III; Nfrz. Z. IV, 107), ist also bei R. nicht verwunderlich. Cf. für das 16. Jahrhd. HGarn. p. 80; Gräf. p. 16, 2.

I, 67; il leurs avoit donné de passetemps; I, 131: de venaison l'on ne peut tant soubdain recouvrir; I, 132: demanda si l'on pourroit trouver de lectues; I, 142: Je ne mange jamais de confitures; I, 163: besoing ne seroit tant empecher de gens de bien; II, 74: sera tenu de fournir de foin et d'estoupes; II, 155: les abbatoit comme un masson faict de couppeaulx;

III, 81: elle nous fournist de chandelle; IV, 85: leurs donnoit de grands coüps de poing; VI, 47: tant de diversitez de feuz artificielz que c'estoit chose merveilleuse, comme de gros ballons, ..., de rouetz à feu, de moulins à feu, de mues à feu.

Anderseits stellt sich zuweilen bis in's 17. Jahrhd. hinein der bestimmte Artikel nach de vor einem mit attributivem Adjektiv versehenen Substantivum .(Chass. § 198, Rem. III; Nfrz. Z. IV, 107) ein. Bei R. sind nur zwei Fälle beobachtet worden.

II, 163: marchandoit des petitz pastez que cryoit le pape Jules; IV, 59: Quelques capitaines faisans des bons compaignons. Cf. für das 16. Jahrhd. HGarn. p. 80; Gräf. p. 17.

Schliesslich sind einige Stellen zu erwähnen, die den Teilungsartikel haben, obwohl er heute nicht zulässig wäre (Chass. § 198, Rem. III, Hist.), so II, 22: s'il vit il aura de l'eage; II, 94: voyez en cy de l'ouvrage.

8a) De zur Bezeichnung des Ortes, von dem aus man einen Brief absendet, ist von Toepel p. 3 notiert. Ungenau jedoch ist, dass derselbe das Vorkommen dieses de im eignen Briefwechsel R.'s in Abrede stellt. Es ist vielmehr in zwei Briefen gebraucht, der eine, an Meister Antoyne Hullet, „De Saint Ayl, ce premier jour de mars" datiert, der andere an den Kardinal du Bellay von Metz aus gerichtet: De Metz, ce 6 fevrier (1545).

8b) De bringt seine ursprüngliche lokale Bedeutung „von-her" in den vielen Fällen zur Geltung, in denen es vor andere Präpositionen tritt, die ihrerseits mit ihrem Nomen einen Begriff bilden. Das öftere Auftreten dieser Fügungen ist für R.'s Stil bezeichnend.

I, 23: une ... vieille, laquelle ... estoit venue de Brizepaille, d'auprès Sainct-Genou; II, 26: il se deffit desdictz cables aussi facilement comme Sanson d'entre les Philistins; II, 139: abeilles chassent les freslons d'entour leurs rousches; III, 162 ebenso: les abus d'un tas de papelars et faulx prophetes, ..., seront d'entour moy exterminez; II, 63: je vous osteray la teste de dessus les espaules; II, 129: le departement de Eneas d'avecques Dido; II, 140: les piedz droitz de devant d'icelluy (sc. du chevreul); II, 152: les abus d'un tas de papelars et faulx prophetes, ..., seront d'entour moy exterminez; II, 172: nous avons les contrées de deçà et de delà les montz; IV, 61: C'est à gens de delà l'eaue; VI, 65.66: de devant l'avie M d'Alhanie emmena la fleur et force du camp; besonders oft kommt „d'entre“, das mit „parmi“ synonym ist, in einer weit ausgedehnteren Weise als im Neufrz. vor, so IV, 90: coquerolle de tortue, laquelle d'entre les gryphes d'une aigle haulte en l'air tombant sus la teste luy fendit la cervelle; IV, 34: d'entre les quelles (sc.: les foires) frére Jan achapta deux rares ... tableaulx; IV, 181: caphares ..., leurs oustans ... leur sainct Paul d'entre les mains. Cf. das englische „from amongst“, „from under“ etc. Diese Verbindungen kommen in späterer Zeit in beschränkerem Masse vor.

Die Präposition à.

1) Lokales à ist öfters bei R., wie auch sonst im 16. und 17. Jahrhd. (HGarn. p. 80; Nfrz. Z. IV, 120) statt des modernen „dans“ gebraucht, so I, 160: il n'entre poniet au profond cabinet de noz cueurs; II, 24: Gargantua demoura à l'hostel; und sonst.

2) Finales à zeigt sich oft, besonders vor Infinitiven, statt des modernen „pour“, so I, 6: à la composition de ce livre ... je ne perdiz ne emploiay oncques plus ny aultre temps que etc.; II, 16: A ce faire convierent tous les citadins; I, 82: se remettoit à son estude principal ..., tant à repeter la lecture matutinale, que à poursuyvre le livre entreprins; II, 46: A laquelle entreprinse parfaire ..., il se peut ... souvenir comment etc.; II, 48: Je te admonneste que employe ta jeunesse à bien profiter en estudes; II, 66: estoient ... necessaires à entendre la construction; II, 93; III, 11; IV, 20, 40; V, 179 und oft. Cf. HGarn. p. 82, 3; Nfrz. Z. IV, 170. Bei prädikativem Substantivum zeigt sich dieses à, wie im Altfrz. (Gr. III, 159), so im 16. Jahrhd. Cf. III, 23: pourront ... nos Déesses prendre à femmes; IV, 61: prenoit la vieille bosse à femme.

3) Temporales à, welches noch im 17. Jahrhd. begegnet (Nfrz. Z. IV, 119), nimmt bei R. ein weites Gebiet ein. Auf die Frage „wann" steht es z. B. II, 21: à l'heure de sa nativité le monde estoit tout alteré; II, 26; chaines de fer . . ., que l'on leve au soir; II, 57: mangea trèsbien à ce soir; II, 88: à ce matin; II, 89: A l'une foys il assembloit trois . . . rustres; II, 90: A l'aultre foys; ibid.: à l'heure que [le guet] passoit mettoit le feu dedans; II, 95: à chascune foys; III, 30: au soir; III, 70: à ce soir; IV, 149: à l'une foys; ibid.: à l'aultre (sc.: foys); VI, 40: a une fois . . ., à l'autre.

4) Modales à ist bei R., wie in der ganzen älteren Sprache (Godefr. I, 10; HGarn. p. 82), sehr zahlreich vertreten, so I, 9: à grand renfort de bezicles practitant l'art, dont on peut lire lettres non apparentes (kann auch instrumental gefasst werden); I, 60: evada ce pissefort à legiereté des pieds; I, 102: Picrochole à grande hastivisé passa le gué; I, 115: il n'estoit aulcun espoir de les tirer à paix, sinon à vive et forte guerre (cf. o. I, 9); I, 149: commencerent fuyr à bride avallée; I, 168: à leur force combattent; V, 100: à toutes leurs puissances defendoient leur roy; und sonst.

5) à zum Ausdruck der Maassgabe, wonach etwas gemacht worden ist oder geschieht, meist statt des neufrz. „d'après", „selon", zeigt sich öfters bei R., so I, 5: la mouelle est aliment elabouré à perfection de nature; II, 51: j'ay affection tresgrande de vous donner ayde à mon povoir; ebenso II, 104; I, 116: rempars faictz à vostre invention; und sonst.

6) à zum Ausdruck des Maasses statt des distributiven par war im 16. Jahrhd. allgemein üblich (Darm. § 219; HGarn. p. 82, 4), I, 16: affin qu'en la prime vere ilz eussent beuf de saison à tas; I, 116: Là recouvrerez argent à tas; I, 183: afin que entretenuz . . . soyez 1 milliers; II, 165: degainerent flaccons à tas; à foule „haufenweise", à foizon IV, 39, 94 und sonst scheinen wohl eher Modal- als Maassbestimmungen. Cf. HGarn. (l. c.).

7) Kausales à zeigt sich I, 14: A pareille raison; ebenso II, 93; II, 99: à mesme raison; cf. das neufrz. à plus forte raison. Dieses à zeigt sich zuweilen auch im Anschluss an

Verba des Affektes, wo heute kausales de gebraucht wird, so
II, 81: ce pendent qu'ilz se amusoyent à moy, le feu triomphoit;
II, 119: Il se courroucera à moy.

8) à statt des neufrz. *par* oder *de* nach den von *laisser*
und *faire* abhängigen Infinitiven mit passivischem Sinne, wie
das in früherer Zeit üblich war (Gr. III, 135; Cass. § 328 bis
Hist.), zeigt sich auch bei R., doch kaum mehr als das eine
Mal I, 195: ceulx qui tenue l' (sc.: la terre) auront Aux survenans occuper la lairront. — Eine ähnliche Funktion hat à
II, 165: c'est bien advisé à toy.

9) à vor Infinitiven statt de, was noch z. T. im 17. Jahrhd.
vorkam (Nfrz. IV, 169; R. Stud. V, 526), ist nur in wenigen
Fällen von R. gebraucht, so bei laisser II, 25: Je laisse icy à
dire comment etc.; empescher I, 104: fauldra il que je vous
empesche à me y aider? tascher I, 194: tascheront . . . A
l'asservir; delayer II, 24: delayoient tousjours à declairer leur
joye; cf. de VI, 67. Für tascher cf. Darm. § 195 f.

Anmerkung: Besonders zu vergleichen und zur Ergänzung
herbeizuziehen das von Toepel p. 21 unter a) Ausgeführte.

Die Präposition en.

1) Von en gilt zunächst, dass es synonym ist mit à und
dessen Gebrauch daher sehr einschränkt. Cf. Frz. St. I, 23;
HGarn. p. 85, 1.

I, 3: Alcibiades le dict estre semblable ès Silenes; I, 5:
pensast ès allegories; I, 11: Assubjectir es dictz des Massoretz;
I, 12: le solas qui fut promist Es gens du ciel; *soy abandonner*
en I, 85; *respondre* en I, 96; I, 99: ès aultres rompoit bras et
armes; I, 100) ès aultres tant fierement frappoyt par le nombril
que etc.; *soy repouser* en I, 105; I, 106: en mes terres pretendoit . . . droict de bien seance: I, 110/111: Si quelque tort eust
esté . . . faict en tes subjectz; I, 111: ès Ides de may; *insulter*
en I, 159; I, 168: la ouvrirent ès hommes d'armes; *commander*
en qu. I, 170; *pardonner* en qu. I, 174; *dire* en qu. I, 189; dto.
I, 195; *soy commettre* en IV, 89; *soy fier* en qu. VI, 85.

2) Estre en steht öfters, wohl nach lateinischem Vorbild,
in der Bedeutung „zu etwas gereichen".

I, 22: encores que la douleur luy feust quelque peu en fascherie; I, 158: Dieu . . ., lequel vous soit en guide perpetuelle; III, 151: Ainsi serez vous à vostre femme en patron; III, 154: ses flesches luy seroient en charge inutile. — Analoges en zum Ausdruck des Zieles, der Tendenz begegnet auch sonst oft, so III, 167: leur bailla une boyte en guarde; VI, 41: en grand espouventement du peuple assistant, etc.

3) Die folgenden Beispiele sollen erweisen, dass en von R. zum Ausdruck der mannigfachsten adverbiellen Bestimmungen verwandt wurde. Cf. Toepel p. 23 ff.

III, 205: en deux conditions; IV, 167; V, 99: en ces entre-faictes; II, 88: en temps = modernem à temps; I, 130: ilz en eurent telle recompense qu'ilz sont tous periz en la ruine du chasteau; occupé en quelq. ch. IV, 37; III, 71: ne ouis ... en l'opinion de ceux qui etc.; II, 88: en mon advis = modernem à m. a.; II, 44: en la maniere; ibid.: en façons; analog bei Ausdrücken der Art und Weise I, 180, 187; II, 24, 214 und sonst.

Anmerkung: Im Anschluss an en mag konstatiert werden, dass *dedans* bei R. fast ausschliesslich herrscht, dagegen *dans* nur sporadisch gebraucht wird. Im vierten Buche ist dedans sogar nur allein zu beobachten. Cf. IV, 16, 23, 28, 54, 65, 66 etc.

Die Präposition par.

1) Temporales par statt des neufrz. *pendant* tritt noch im 17. Jahrhd. auf (Nfrz. Z. IV, 127; HGarn. p. 85); bei R. ist es sehr oft.

II, 59: par l'espace de quarente et six sepmaines n'y avoient sceu mordre: II, 125: les feist bien traicter et penser par huyt jours; IV, 197: par plus de quatre, voyre cinq jours, je ne fiantay qu'une petite crotte; IV, 219: Metellus les assie-geoit par les guerres sertorianes; VI, 24: furent faits ... festins et feuz de joye, par trois soirs subsequens; III, 221: par longtemps; ebenso III, 230; IV, 60. — Auf die Frage „wann" ist statt des neufrz. acc. temp. par notiert IV, 184: navigasmes par un jour en serenité. Auf die Frage „wie oft" kommt par sehr oft bei *foys* vor; so II, 112: la gettant en l'air par sept fois; ibid.: le feist par seize foys; III, 57, 89, 104; IV, 116, 119; V, 82; VI, 41, 42 etc.

2) Modales par steht I, 84: entroit par grande force en basteau; I, 124: par grande force et agilité feist ... la gambade; I, 156: nous en retournans par noz petites journées; II, 89: manieres ...., dont la plus honorable et la plus commune estoit par façon de larrecin furtivement faict (cf. hierzu HGarn. p. 85, 2); VI, 27: par maniere plus estrange etc.; II, 127: la feuille de papier estoit escripte; mais c'estoit par telle subtilité que etc.

3) Lokales par ist zwar der neuen Sprache nicht fremd, ist aber in der Weise nicht mehr üblich, dass der Begriff des Verweilens, der Ruhe allein zum Ausdruck kommt. Cf. Mätzner, Gr. p. 405.

I, 27: Par les anciens pantarches ..., se trouve que etc.; I, 96: Combien que la poste feust par la plus grande part des maisons; I, 109: peu de gens sont ... habitans par tout le continent; I, 118: Que boirons nous par ces desers; II, 13: le [sc.: le membre] redoublans à cinq ou à six foys par le corps; II, 24: Je trouve par les anciens historiographes et poetes que etc.; II, 166: avoit raconté Epistemon, comment estoient traictez les roys et riches de ce monde par les Champs Elisées; III, 139: il n'y a pas grand chaleur par les vallées; III, 205: Je trouveray par mes royaulmes lieux assez ... etc.; V, 13; les trouverez par les officines des libraires; und oft.

4) Par zum Ausdruck der Massgabe begegnet IV, 185: Celluy qui est, respondit Pantagruel, par [= mod. d'après] nostre theologique doctrine, est Dieu.

5) Par an Stelle des modernen kausalen de IV, 14: par craincte de tomber; IV, 46: par crainte de peine.

6) Wenn par vor andere Präpositionen tritt, so ist es nicht immer pleonastisch und adverbiell, wie in dem oft vorkommenden par trop, sondern bewahrt seine sinnliche Kraft besonders nach den Verben der Bewegung.

I, 119; ils sont passé le Rhein par sus le ventre des Suisses; I, 124: passe la jambe droicte par sus la selle; II, 78: par atravers la capsule du cueur luy sortit la broche; II, 85:

passa par dessoubz un arbre; II, 100: doigt indice, lequel il mettoit et tiroit souvent par entre les deux aultres susdictes de la main gauche; II, 147: passoit legierement par sur eulx, und sonst. Pleonastisch ist es dagegen II, 85, 91, 131; V, 51 und oft in Verbindung mit den verschiedensten Präpositionen.

7) In dem „de par" der Beteuerungen: de par Dieu, de par moy, de par le diable I, 158, 107, 117 etc. ist de pleonastisch gebraucht.

Vers, devers, envers.

1) Vers [devers] im Sinne des neufrz. *auprès de* kommt auch im 17. Jahrhd. noch vor. R. hat so gebraucht: *devers* VI, 65: Mons. de Vely, ambassadeur pour le roy par devers l'Empereur; VI, 72: les cardinaux . . ., les quelz avoient esté esleuz par le pape et tout le college pour legats par devers l'Empereur; und einmal *envers*: I, 114: la grande familiarité que leurs avez par cy devant tenue vous ont rendu envers eulx contemptible. — Vers = envers ist bei R. einmal beobachtet worden, V, 80: Le dessein mien est n'entrer vers vous en privation de gratitude. Umgekehrt envers = vers weist Toepel p. 41 in einem Falle auf „au retour du palais envers leurs femmes".

Das früher oft gebrauchte *devers* (Godefr. I, 200) ist bei R. sehr oft zu betreffen, so I, 103: se transporta devers luy; I, 106, 107, 111, 207, 162, 167; IV, 223; VI, 63, 65, 72, 73, 74 etc., wonach Toepel p. 41 zu berichtigen ist.

Die Präposition entre.

1) Noch einmal zeigt sich bei R. der altfrz. Brauch, das pluralische Subjekt durch eine präpositionale Wendung mit entre auszudrücken, um anzudeuten, dass die Handlung sich zwischen diesen und jenen Personen w e c h s e l s e i t i g abspiele so V, 20: [Supp.: Il nous respondit:] Que des Creogaux naissent les Prestregaux et Monagaux sans compagnie charnelle, comme faict entre les abeilles d'un jeune toreau accoustré selon l'art . · . . d'Aristaeus. Cf. Gr. III, 408 f.; HGarn. p. 87, 6; Orelli p. 380.

2) Auch bei R. wurde entre vielfach **freier** verwandt, als dem heutigen Sprachgebrauch gemäss ist (HGarn. p. 87, 6; Nfrz. Z. IV, 128), so IV, 216: En icelluy jour Pantagruel descendit en une isle admirable entre toutes aultres, und sonst. Überhaupt gebraucht R. e. mit Vorliebe, so im fünften Buche pp. 10, 11 (2), 19 (2), 43, 89, 123, 162, 179, im sechsten Buche pp. 10, 32, 38, 63, 87, welchen Stellen bez. pp. 45, 46, 57, 107 und 30, 37, 39 mit parmy gegenüberstehen, was ein Verhältnis von c. 2 : 1 ergiebt. Entre im Sinne von „au milieu de" mit einem Singular, wie II, 154: il s'amusoit à tirer sa dicte masse qui tenoit en terre entre le roc, ist auch von Haase (l. c.) belegt worden. — Sehr merkwürdig gebraucht ist entre an den folgenden Stellen I, 180: Entre chascune tour estoit espace de troys cent douze pas; ibid.: Entre chascune tour, au mylieu du dict corps de logis, estoit une viz brizée dedans icelluy mesme corps; I, 181: l'assiete [sc.: estoit] par nombre de douze [sc.: doigtz] entre chascun repous, wo entre, obwohl mit einem Singular verbunden, doch nicht in dem Sinne von „au milieu de" oder des lat. „intra" aufzufassen ist, sondern die eigentliche Bedeutung hat, also hier zu verstehen ist „zwischen je einem Thurme auf jeder Seite war ein Raum von etc.", „die Steinschicht zwischen je einem Treppenabsatz oben und unten war 12 Finger dick".

3) An den folgenden Stellen steht, wie bei HGarn .p. 87, 6, *d'entre* in einer von dem Neufranzösischen abweichenden Weise. II, 72: le different d'entre les seigneurs de Baiseeul et Humevesne; II, 115: la relation d'entre eulx mêmes; V, 131: nombre innumerable d'hommes et de femmes . . ., d'entre lesquels un pour lors tenoit une mappemonde. Doch sind die Fälle nicht gleichartig. Das dritte Beispiel zeigt d'entre in einer dem Neufranz. an sich möglichen und oft stattfindenden Verwendung, die quantitativer Natur ist. Bei R. ist nur die Stellung des Teilbegriffs hinter denjenigen, der das Ganze ausdrückt, von dem jener losgelöst werden soll, das Auffällige, eine Stellung, die durch das Bestreben engster relativer Verbindung der Satzteile bedingt und fast auf jeder Seite vertreten ist. Die beiden anderen Fügungen sind leicht dahin zu erklären,

dass zwei einheitliche Begriffe, also hier „different" einer-,
und „entre les seigneurs" anderseits zu einander in Beziehung
gesetzt werden sollen, was nur, wie üblich, dadurch geschehen
kann, dass der eine dem anderen durch „de" subordiniert wird.
Einzeln bemerkt sei: *compter entre* statt des neufrz. c.
parmi: IV, 111: Entre les quelz comptez vous ceulx qui navi-
gent sus mer?

Die Präposition sus [sur, dessus, -r].

Sus, sur zum Ausdruck des Vorzugs, in alter Zeit und
noch im vergangenen Jahrhundert in Gebrauch (Littré s. 28),
ist von R. oft verwandt, so I, 52: Aristoteles, qui . . . estoit
estimé sus tous philosophes de Grece; II, 90: il les persecutoit
sur tous aultres; II, 166; III, 29, 86; IV, 156, 204, 248; V, 123
und sonst. *Dessus* kann sowohl in der eigentlichen lokalen,
als in dieser übertragenen Bedeutung beobachtet werden,
so in letzterer II, 60: Pantagruel, lequel on a congneu estre
sçavant dessus la capacité du temps de maintenant. — In
I, 21: Grandgousier se leva dessus l'herbe kommt jeder der
beiden Bestandteile von dessus zu seinem Recht. Cf. o. de
p. 56, 8b. Temporales sus, sur ist zwar heute noch in Gebrauch, doch bei weitem nicht in solcher Ausdehnung wie
früher. Cf. III, 120: Pourquoy ay je faict veu à saint François
. . . porter lunettes au bonnet . . ., que sus ceste mienne perplexité d'esprit je n'aye en resolution aperte; IV, 195: Sus
l'apport du second service; I, 143, 167, 170; II, 60, 89, 116,
135; III, 14, 120, 172, 213; IV, 40, 121, 195, 243 und oft. —
Beachtenswerth ist schliesslich sus zum Ausdruck der Rich-
tung, I, 180: La riviere decoulloit sus l'aspect de septentrion;
der Massgabe, wie heute nach gewissen Verben (se régler
sur etc.), III, 31: sus l'opinion de tous philosophes . . ., rien
ne tenent, ne matiere premiere, estoys facteur et createur, sowie nach *envie* I, 108: avoit sus elle envie; IV, 137.

Die Präpositionen devant, avant.

Devant ist zumeist gebraucht, ohne den Gebrauch von
avant bei temporalen Angaben auszuschliessen, wie das bei
Garnier (l. c., p. 88, 2) der Fall ist. Cf. I, 21: avant la soif;

I, 143: avant la minuiet; I, 194: avant ceste ruyne; III, 193;
IV, 41, 120, 121. Cf. avant que III. 211, 240, 247; V, 62, 82
und sonst.

Die Präposition parmy.

Parmy in seiner ursprünglichen, lokalen Bedeutung ist bei
R., wie noch in späterer Zeit (Nfrz. Z. IV, 128), ungemein oft
zu betreffen, so I, 80: suoient parmy le corps; I, 99: parmy le
doz vendangeoient; I, 101, 126, 128, 148; II, 50, 146, 164;
III, 64; IV, 16, 36 und oft.

Die Präpositionen deçà, delà.

Deçà, delà sind noch im 17. Jahrhd. Präpositionen (Chass.
§ 408, Rem. IV), bei R. jedoch nicht sehr oft. Cf. I, 172:
de deçà et de delà les montz; ibid.: deçà et delà les dentz;
III, 12, 205; VI, 61.

Die Präposition près.

Près mit dem Akk. der Sache, der bei R. die Regel bildet,
ist heute selten, mit demjenigen der Person, wie III, 18: le
baston que Diogenes ordonner estre près luy posé; V, 37: Près
luy estoit une jolie Abbegesse; V, 97, 167, überhaupt nicht zu
betreffen (cf. Mätzner Gr. p. 419; HGarn. p. 89).

Die Präpositionen contre, encontre.

Contre, oft durch encontre (I, 94, 108 etc.) ersetzt, steht
statt de bei defendre I, 176: pour ... soy defendre contre les
soubdaines esmeutes, bei envieux, wo sonst bis in's 17. Jahrhd.
hinein sur (s. o. envie sur, p. 64) vorkam, II, 114: la Re-
nommée, laquelle me semble estre envieuse contre luy (Littré
belegt nur e. sur 4°).

Die Präposition jouxte.

Jouxte, heute veraltet (Mätzner Gr. p. 419, 5), ist in übertragener Bedeutung gebraucht III, 79: jouxte le most vulgaire,
sonst nur lokal I, 66, 177, 185; II, 108 etc.

Die Präposition hors (fors).

1) Hors ist bei R., wie überhaupt in älterer Zeit (HGarn.
p. 89; Nfrz. Z. IV, 130), ungemein oft mit dem Akk. = hors de
gebraucht, ohne dass letzteres ausgeschlossen wäre.

I, 20: hors le logis; I, 110: hors les metes de raison;
I, 180: hors la muraille; II, 36: hors terre: II, 36, 45; III, 41,
110, 168, 175, 178, 203, 205 etc. Cf. h. de I, 112, 184; II,
45, 50, 148; III, 179, 212 etc.

2) Fors im Sinne von „ausser" ist im 16. Jahrhd. oft verwandt worden (Gl. p. 30; Gräf. p. 115); so auch bei R. I, 131:
De venaison l'on ne peut tant soubdain recouvrir, fors unze
sangliers; II, 17, 146; IV, 123, 177, 204; V, 80, 79, und sonst.
Zuweilen stellt sich *fors que* ein, wie in alter Zeit und noch
im 16. Jahrhd. (Orelli p. 382; Gräf. l. c.), so I, 136: De tous
poissons, fors que la tenche, prenez l'aesle de la perdrys. Zu
beachten ist noch fors à IV, 123: leur pilot, natif de Aegypte,
mais non congneu de nom, fors à quelques uns des voyagiers,
wo f. als Adverbium gebraucht ist; ebenso IV, 52; cf. die
Konjunktion f. que V, 57.

Anmerkung. Für das vereinzelt auftretende hormis, sowie für dehors als Präposition hat Toepel p. 45 Beispiele an-
geführt.

Die Präposition ensemble.

Ensemble ist bei R., wie in alter Zeit (Orelli p. 379), Prä-
position, so I, 58: prindrent chemin Gargantua, son precepteur
Ponocates, ..., ensemble eulx Eudemon le jeune paige; I, 66:
Ensemble eulx commença rire maistre Janotus. Cf. Darm. § 232.

Die Präposition environ.

Environ zeigt sich noch einmal, wie im Altfrz. (Orelli
p. 381), lokal gebraucht, I, 118: elephans, lesquelz aurez prins
à une chasse environ Sigeilmes.

Anmerkung. Für das bei R. oft gebrauchte, auch heute
noch zu betreffende (Dict. de l'Ac.) temporale environ, vergl.
Toepel p. 42.

Präpositionale Wendungen.

En faulte, par faulte de zeigen sich im R. statt des modernen
faute de, so III, 66: En faulte de baston; III, 119: Par faulte
de operer, il est ... plus rouillé que etc.; I, 93; II, 19, 78;
III, 138; IV, 191; V, 20 etc. — *Par default de* anstatt des

modernen à, au d. de begegnet IV, 19: par default de laquelle grain restoit en terre mort et perdu. *De force de* (HGarn. p. 89) statt à force de: I, 66: mourut de force de rive; I, 135: je te esrene de force de t'acoller; à f. de I, 141; II, 90; III, 192, 199; IV, 19, 20, 91, 233 etc. — *Par le moyen de* = au moyen de 6, 25: fut relevé de ceste perplexité par le moyen du seigneur Horace Farnese. — *En lieu de* = au lieu de VI, 46: En lieu de comedie. — A *l'endroit de* kommt noch im 17. Jahrhd. vor (Chass. § 408 Rem. V, Nfr. Z. IV, 131; HGarn. p. 89). Bei R. ist es nicht selten, so I, 127: à l'endroict du boys; III, 146: en leur endroict; IV, 39: en mon endroict; ebenso VI, 23; IV, 202; I, 48. — *Par l'esguard de* = à l'égard de IV, 39: par l'esguard et reverence des graces. — *En mylieu de* = au milieu de I, 12: en mylieu d'eux. — A *l'entour de (alentour de)* ist von R. oft gebraucht (cf. HGarn. p. 89), so I, 90: à l'entour de soy; I, 94: à l'entour de la ville; II, 123 (2), 124; V, 63, 66 etc. — *Entour* = autour de (cf. Gl. p. 30; Gräf. p. 115) I, 139: entour leurs rousches. — *A tout* war bis auf die Zeit Montaigne's hinab in Brauch (Orelli p. 274), doch blieb es während der letzten Zeit seiner Verwendung unverändert. Bei R ist es oft gebraucht, so I, 101: à tout son baston; I, 102: à tout son bourdon; II, 22: à tout le poil; II, 28: à tout la langue; II, 70: à beaulx houseaulx coturnicques; II, 74: à tout les sonnettes; und sonst. — *Oultre* ist bis in's 17. Jahrhd. hinein Präposion (Nfr. Z. IV, 128; Gräf. p. 116); so bei R. IV, 32: oultre l'Aequinoctial; oultre l'Edict et ordonnance dudit feu roy. — *Lez*, heute nur noch in bestimmten Ortsnamen gebraucht, lässt sich aus R. auch sonst belegen IV, 145: petit port desert, ..., situé lez une touche de boys; V, 27: oiseaux ..., qui ... esclouent leurs petits lez le rivaige. Vor Ortsnamen begegnet lez öfters, so IV, 125: lez Hierusalem; IV, 145; V, 23, 27. — Dessoubz steht in demselben Verhältnis zu soubz, wie dessus(r) zu sus(r). Cf. p. 64. In seiner ursprünglichen Bedeutung zeigt es sich I, 146: le cheval se desrobe dessoubz luy. — *Au dessus* und *au dessoubz* sind wohl zur Vermeidung einer Kakophonie (Toepel p. 38), zuweilen mit dem Akkusativ konstruirt, so I, 181: montoit jusque au dessus la couverture; II,

76: si je montasse aussi bien. que je avalle, je feusse desjà
au dessus la sphere de la lune avecques Empedocles; IV, 37:
au dessus l'eau; — I, 111: le muscle de la vole qui est au
dessoubz le poulce.

Nachträge.

1) Der Inf. ohne Präp. als historisches Tempus steht IV,
78: Lors Oudart se revestir, Loyre et sa femme prendre leurs
beaulx accoustremens, Trudon sonner de sa flute etc. Cf. p. 40, 10.

2) De im Anschluss an „monsieur", wovon Darm. § 226
Belege beibringt, zeigt sich auch bei R. I, 117: Le pauvre
monsieur du Pape; II, 101: monsieur du paige. Ungewöhnlich
an der Erscheinung ist nur der bestimmte Artikel, denn wenn
man an dessen Stelle den unbestimmten eintreten lässt, so
erhält man die bekannte, sowohl deutsche als französische
Wendung, die meist der Ironie zum Ausdruck dient. Hierzu
vergl. Toepel p. 11.

3) Zu p. 51 gehört avoir affaire de I, 92: aurez quelque
jour affaire de nous.

Thesen.

1. Die altfrz. Erscheinung, das Futurum exactum an Stelle des Perfectum Praesens zu setzen, fliesst aus der Natur des ersteren Tempus, nicht, wie behauptet worden, aus dem meist, aber nicht immer beobachteten gleichzeitigen Auftreten adverbieller Ausdrücke.

2. Werturteile bilden den Beschluss einer jeden Aesthetik oder Poetik.

3. Die vierte oder Galenische Schlussfigur von der Form P—M, M—S = S—P ist zu verwerfen.

Vita.

Ego, Samuelis Saenger, filius Eliae Saenger Cantoris, Judaeus, decimo septimo die m. Febr. anni millesimi octingentesimi sexagesimi quarti Saagari natus sum. Domicilio saepe mutato anno 1875 parentes Berolini consederunt. Duodecimo anno aetatis in quintam classem scholae Berolinensis, quae „Kgl. Realgymnasium" vocatur, acceptus testimonium maturitatis anno 1884 nanctus philosophicae in universitate Berolinensi facultatis matriculis inscriptus per octo sem. lectiones in variis disciplinis andivi, nom. de philosophia lectiones PProf. DDr. Z e l l e r, D i l t h e y, E b b i n g h a u s, v o n S t e i n; de lingua franco-gallica lectiones Prof. T o b l e r et Doct. S c h w a n; de lingua teutonica et anglica lectiones PProf. DDr. S c h e r e r, Z u p i t z a, E. S c h m i d t, R o e d i g e r, M e y e r, Lectoris B a s h f o r d; de historia lectiones PProf. DDr. W e i z s ä c k e r, K o s e r, J a s t r o w. Omnibus his viris doctissimis ac praeclarissimis optime de me meritis aeque ac Directori Dr. S i m o n et Professori Z a u r i t z, reverendis meis in schola magistris quorum cura ac disciplina animus meus vere coli coeptus et ad studium philosophiae et literarum in citatus est, gratias ago quam maximas.